Vorwort

Die vorliegende Kurzgrammatik richtet sich an Schülerinnen und Schüler, die Türkisch lernen und sich schnell einen Überblick verschaffen wollen. Sie eignet sich nicht nur zum Nachschlagen, sondern auch zum Lernen. Dieser Aspekt stand auch beim Aufbau der Grammatik im Vordergrund. So sollen Lernende, die ihre Kenntnisse systematisch aufbauen wollen, zunächst bestimmte Endungen bzw. Funktionswörter kennenlernen, die dann in den folgenden Abschnitten in verschiedenen Kombinationen vorkommen.

Die wichtigsten Phänomene der türkischen Grammatik werden jeweils auf einer Seite vorgestellt. Eine standardisierte Struktur, bei der *Gebrauch*, *Endungen*, *Bildung*, *Besonderheiten* und *Reihenfolge der Endungen* behandelt werden, erleichtert den Zugang zu den Inhalten. Die einzelnen Phänomene werden kurz und übersichtlich dargestellt.

Eine weitere Besonderheit der Grammatik besteht in der Darstellung der Endungen. Hier werden die wichtigsten Kombinationsmöglichkeiten aufgelistet.

In übersichtlichen Tabellen werden Gegenstands- und Tätigkeitswörter mit allen Veränderungen (Deklination bzw. Konjugation) aufgelistet. Bei der Verneinung, Frage und der verneinten Frage wird lediglich die erste Person Einzahl bzw. 3. Person Mehrzahl angegeben. Betonte Silben werden unterstrichen.

Für die Durchsicht des Manuskripts möchten wir Frau Dr. Aslıhan Selcen Bingöl-Arslangilay sowie Frau Özden Alt Sebzeci danken.

Dr. Jutta Çıkar
Dr. Mustafa Çıkar

Inhaltsverzeichnis

Besonderheiten des Türkischen

- Türkisch ist eine sehr regelmäßige Sprache. Abweichungen und Unregelmäßigkeiten kommen selten vor.
- Der Wortstamm bleibt in der Regel unverändert.
- An den Wortstamm werden Endungen (Suffixe) angehängt (Agglutination).
- Wörter enthalten meist nur helle (e, i, ö, ü) oder dunkle (a, ı, o, u) Vokale (Vokalharmonie).
- Gegenstands- und Tätigkeitswörter werden nach genauen Regeln gebeugt (Deklination und Konjugation).
- Gegenstandswörter haben kein grammatisches Geschlecht (Sexus).
- Gegenstandswörter haben keinen Begleiter (bestimmter Artikel).
- Es gibt keine Nebensätze wie im Deutschen.

Das Alphabet

Das türkische Alphabet besteht aus 29 Buchstaben:

a · b · c · ç · d · e · f · g · ğ · h · ı · i · j · k · l · m · n · o · ö · p · r · s · ş · t · u · ü · v · y · z

Die folgenden Buchstaben gibt es im deutschen Alphabet nicht:

Ç/ç *tsch* wie Matsch

ğ (*weiches g* oder *yumuşak g*) dehnt den vorangegangenen Vokal, ähnlich dem deutschen *h* in *Dehnung*. Es steht nie am Wortanfang.

I/ı ein kurzer, dumpfer Vokal wie das *e* in *lachen*

İ/i wie das *i* im Deutschen. Der Großbuchstabe wird mit Punkt geschrieben.

Ş/ş *sch* wie *schön*

Folgende werden anders ausgesprochen:

E/e meist wie *ä*, seltener wie das *e* im Deutschen

C/c *dsch* wie *Dschungel*

H/h (stets hörbar, kann unterschiedlich ausgesprochen werden, wie z. B. in *ich habe gemacht*

J/j J/j wie das *J* in *Journalist*

K/k in Verbindung mit e, i, ö, ü vorderes *k*
in Verbindung mit a, ı, o, u hinteres *k*

L/l in Verbindung mit e, i, ö, ü wie im Deutschen
in Verbindung mit a, ı, o, u berührt die Zungenspitze den Zahnrücken

R/r stets mit der Zungenspitze gerollt

S/s stets stimmlos wie in *Wasser*

V/v *w* wie *Vase*

Y/y *j* wie *Januar*

Z/z weiches, stimmhaftes *s* wie *Hase*

Konsonanten (Mitlaute)

Das Türkische Alphabet besitzt 21 Konsonanten. Dabei unterscheidet man zwischen 13 stimmhaften oder weichen und 8 stimmlosen oder harten Konsonanten:

Stimmhaft: b, c, d, g, ğ, j, l, m, n, r, v, y, z

Stimmlos: ç, f, h, k, p, s, ş, t

Mit der Eselsbrücke ***F. Paşa çok hasta.*** (*F. Paşa ist sehr krank.*) kann man sich die stimmlosen Konsonanten einprägen.

Konsonantenwandel (Wandel der Mitlaute)

Sobald die stimmlosen Konsonanten *ç, k, p* und *t* am Ende eines Gegenstandswortes auf eine mit einem Vokal beginnende Endung treffen, werden sie zu stimmhaften Konsonanten.

ç wird zu c	ağaç + -a → ağaca
nk wird zu ng	renk + -i → rengi
k wird zu ğ	ayak + -ım → ayağım
p wird zu b	kitap + -a → kitaba
t wird zu d	yoğurt + -u → yoğurdu

Die stimmhaften Anfangskonsonanten *c* und *d* von Endungen werden stimmlos, wenn Sie auf Wörter treffen, die mit stimmlosen Konsonanten enden (Konsonantenassimilation).

d wird zu t	kitap + -da → kitapta
c wird zu ç	kitap + -cık → kitapçık

Vokale (Selbstlaute)

Das türkische Alphabet umfasst acht Vokale: *a, e, ı, i, o, ö, u, ü.*

Vokalharmonie

Die Vokale innerhalb eines türkischen Wortes sind entweder hell (*e, i, ö, ü*) oder dunkel (*a, ı, o, u*). Auch Endungen unterliegen dieser Vokalharmonie. Sie richten sich nach dem letzten Vokal des Wortes. Beim Anhängen von Endungen unterscheidet man zwischen der zweiförmigen und der vierförmigen Harmonie.

Die Endungen, die der zweiförmigen Vokalharmonie unterliegen, enthalten entweder den Vokal *e* oder *a*. Sie werden nach dem folgenden Prinzip angefügt:

Vokal der Endsilbe	Vokal der Endung
e, i, ö, ü	e
a, ı, o, u	a

Die Endungen, die der vierförmigen Vokalharmonie unterliegen, besitzen die Vokale *i, ü, ı* oder *u*. Sie werden nach dem folgenden Prinzip angefügt:

Vokal der Endsilbe	Vokal der Endung
e, i	i
ö, ü	ü
a, ı	ı
o, u	u

Das Gegenstandswort (Das Substantiv)

Gegenstandswörter werden kleingeschrieben. Großgeschrieben werden nur Eigennamen (z. B. Vornamen, Nachnamen, Städtenamen), Titel sowie Nationalitäts-, Sprachen- und Religionsbezeichnungen, auch wenn sie als Eigenschaftswort gebraucht werden. Auch Überschriften sowie Bezeichnungen von Monaten und Tagen innerhalb eines Datums schreibt man groß.

Gegenstandswörter haben keine Begleiter (Artikel). Als unbestimmter Begleiter (*ein, eine*) wird das Zahlwort *bir* benutzt. Es wird dem Gegenstandswort vorangestellt.

Gegenstandswörter haben kein grammatisches Geschlecht. Auch Endungen zur Unterscheidung der natürlichen Geschlechter gibt es im Türkischen nicht, d. h. *öğrenci* kann *Schüler* oder *Schülerin* bedeuten. Durch *erkek* oder *kız* vor *öğrenci* wird zwischen männlichen und weiblichen Schülern unterschieden.

An Gegenstandswörter können mehrere Endungen angehängt werden. Dabei entstehen ganze Ketten.

Aus allen Tätigkeitswörtern lassen sich Gegenstandswörter bilden. Man unterscheidet drei Gruppen, die auch in Wörterbüchern zu finden sind.
-mek, -mak: also Grundform (Vollinfinitiv) → bak·mak (*das Schauen*)
-me, -ma: Grundform ohne *k* (Kurzinfinitiv) → bak·ma (*das Schauen*)
-iş, -üş, -ış, -uş bzw. -yiş, -yüş, -yış, -yuş → bak·ış (*der Blick*)

Zwei gebräuchliche Endungen

Die vierförmige Endung *-li, -lü, -lı, -lu* entspricht dem deutschem *mit*. An Länder- und Städtenamen angefügt, bezeichnet sie die Herkunft.
Gegenstandswort + -li → şeker·li (*mit Zucker*)
Städtename + -li → İstanbul·lu (*Istanbuler*)

Die vierförmige Endung *-siz, -süz, -sız, -suz* entspricht deutschem *ohne, un-* bzw. *-los*.
Gegenstandswort + -siz → şeker·siz (*ohne Zucker*)
Gegenstandswort + -siz → mut·suz (*unglücklich*)
Gegenstandswort + -siz → ücret·siz (*kostenlos*)

Das Eigenschaftswort (Das Adjektiv)

Gebrauch

Ein Eigenschaftswort beschreibt ein Gegenstandswort näher und wird diesem vorangestellt. Dabei ist das Eigenschaftswort stets unverändert.
güzel bahçe (schöner Garten)

Bir steht in der Regel direkt vor dem Gegenstandswort, wobei es auch vor dem Eigenschaftswort stehen kann.
güzel bir bahçe (ein schöner Garten)

Das Gegenstandswort kann Mehrzahlendung, alle Fallendungen sowie besitzanzeigenden Endungen annehmen.
güzel bahçemizde (in unserem schönen Garten)

Viele Eigenschaftswörter sind im Türkischen Eigenschafts- und Gegenstandswort zugleich. Werden sie als Gegenstandswort verwendet, können sie alle Endungen annehmen, die auch an Gegenstandswörter angefügt werden können.
güzelim (meine Schöne)

Mit Endungen für *sein* und *werden* kann man Eigenschaftswörter als Satzaussage (Prädikat) verwenden.
Bahçe güzeldi. (Der Garten war schön.)

Steigerung (Komparativ und Superlativ)

Bei der ersten Steigerungsstufe steht *daha* vor dem Eigenschaftswort.
Bizim bahçemiz daha güzel. (Unser Garten ist schöner.)

Der Vergleich wird auch mit dem Woher-Fall und *daha* zum Ausdruck gebracht.
Bu bahçe bizim bahçemizden daha güzel. (Dieser Garten ist noch schöner als unser Garten.)

Bei der höchsten Steigerungsstufe steht *en* vor dem Eigenschaftswort.
en güzel bahçe (der schönste Garten)

Die Mehrzahl (Der Plural)

Gebrauch

Die Mehrzahl wird im Türkischen verwendet, um die einzelnen Elemente einer Klasse hervorzuheben.
Ayakkabılar ikinci katta. (*Schuhe sind im zweiten Stock.*)

Endung

-ler, -lar

Bildung

Gegenstandswort + -ler/-lar
öğrenciler (*Schüler*)

Besonderheiten

Im Türkischen wird oft die Einzahl verwendet, wenn es um bestimmte Sorten oder eine Gattung geht:
Muz aldım. (*Ich habe Bananen gekauft.*)

Nach Zahlen und Mengenangaben stehen Gegenstandswörter in der Einzahl:
beş öğrenci (*fünf Schüler*)

Gruß- und Wunschformeln enthalten oft Pluralendungen:
İyi günler! (*Guten Tag!*)

Personennamen mit Pluralendungen bezeichnen die betreffende Person und ihre Familie:
Enginler (*Engin und seine Angehörigen, Familie*)

Reihenfolge der Endungen

Gegenstandswort + Mehrzahl → ev·ler (*Häuser*)
Städtename + -li + Mehrzahl → Ankara·lı·lar (*Ankaraner*)
Gegenstandswort + -siz + Mehrzahl → iş·siz·ler (*die Arbeitslosen*)
Gegenstandswort + Mehrzahl + Fall → siehe dazu: Wo-Fall, Wem- bzw. Wohin-Fall, Wen-Fall, Woher-Fall

Das Hilfstätigkeitswort *sein* für die Gegenwart

Gebrauch

Das deutsche Hilfstätigkeitswort *sein* wird im Türkischen durch Endungen ausgedrückt.
Öğrenciyim. (*Ich bin Schüler.*)

Mit *değil* wird die Aussage verneint. An *değil* werden die Personalendungen angefügt.
Öğrenci değilim. (*Ich bin kein Schüler.*)

Mit *mi, mü, mı, mu* bildet man Fragen. Dabei handelt es sich nicht um eine Endung, sondern um eine vierförmige Partikel, die nicht an das Wort angehängt wird. An die Fragepartikel werden die Personalendungen angefügt.
Öğrenci misin? (*Bist du Schüler?*)

Bildung

	Nach e oder i	Nach ö oder ü	Nach a oder ı	Nach o oder u
ben	tembelim	özgürüm	çalışkanım	yorgunum
sen	tembelsin	özgürsün	çalışkansın	yorgunsun
o	tembel	özgür	çalışkan	yorgun
biz	tembeliz	özgürüz	çalışkanız	yorgunuz
siz	tembelsiniz	özgürsünüz	çalışkansınız	yorgunsunuz
onlar	tembeller	özgürler	çalışkanlar	yorgunlar
Frage	tembel miyim?	özgür müyüm?	çalışkan mıyım?	yorgun muyum?
Vokal.	iyi·y·im	kötü·y·üm	hasta·y·ım	mutlu·y·um
Vern.	*hasta* değilim, değilsin, değil, değiliz, değilsiniz, değiller			
Vern. Frage	*hasta* değil miyim?			
Kons.	utangaç → utangacım, çocuk → çocuğum			

Reihenfolge der Endungen

Städtename + -li + -y + Person → İstanbul·lu·y·um (*ich bin Istanbuler*)
Gegenstandswort + -siz + Person → iş·siz·im (*ich bin arbeitslos*)
Gegenstandswort + Fall + Person → siehe dazu: Wo-Fall und Woher-Fall

Die Endung *-dir*

Mit der Endung *-dir* bzw. *-dirler* (*ist, sind*) kann man eine subjektive Einschätzung ausdrücken. Sie steht auch oft in Verbindung mit:

1. allgemeingültigen Aussagen
   Dünya yuvarlaktır. (Die Erde ist rund.)

2. Regeln und Gesetzen
   Çimenlere basmak yasaktır. (Das Betreten des Rasens ist verboten.)

3. Eigenschaften
   Ali çok akıllıdır. (Ali ist sehr intelligent.)

In Texten, wissenschaftlichen Arbeiten oder offiziellen Ansprachen wird sie häufig verwendet:
Bu, teorik değil, pratik bir sorundur. (Dies ist kein theoretisches, sondern ein praktisches Problem.)

In einigen Fällen muss die Aussage interpretiert werden. Es kann sich um eine Einschätzung handeln:
Şimdi yoldadır. (Jetzt ist sie/er [sicher oder vermutlich] unterwegs.)

Die Endung *-dir* wird meist mit Signalwörtern wie *belki* (*vielleicht*), *herhalde* (*wahrscheinlich*), *inşallah* (*hoffentlich*), *umarım* (*ich hoffe*), *mutlaka/muhakkak* (*mit Sicherheit*), *kesinlikle* (*absolut*), *büyük bir olasılıkla* (*mit großer Wahrscheinlichkeit*) verwendet.
Belki mutfaktadır. (Vielleicht ist sie/er in der Küche.)

Endung

-dir, -dür, -dır, -dur bzw. -tir, -tür, -tır, -tur

Bildung

Satzaussage + -dir → pahalı·dır (*es ist teuer*)
Satzaussage | değil + -dir → pahalı değil·dir (*es ist nicht teuer*)
Satzaussage | Fragepartikel mi + -dir → pahalı mı·dır? (*ist es teuer?*)

Besonderheit

Die Endung *-dir* kann an alle Personalendungen angehängt werden. In Verbindung mit der 3. Person Einzahl oder Mehrzahl wird sie am häufigsten verwendet. Sie kann auch an Tätigkeitswörter angehängt werden.

Das Funktionswort *idi* (Vergangenheit)

Gebrauch

Mit *idi* bringt man zum Ausdruck, dass es sich um ein abgeschlossenes Ereignis handelt, das in der Vergangenheit stattgefunden hat und das als Tatsache dargestellt wird. In der Regel wird dieses Funktionswort als Endung gebraucht.
Hastaydı. (*Er war krank.*)
Arkadaştık. (*Wir waren Freunde.*)

Endungen

-di, -dü, -dı, -du bzw. -ti, -tü, -tı, -tu

Bildung

	Nach e oder i	Nach ö oder ü	Nach a oder ı	Nach o oder u
ben sen o biz siz onlar	tembeldim tembeldin tembeldi tembeldik tembeldiniz tembeldiler	özgürdüm özgürdün özgürdü özgürdük özgürdünüz özgürdüler	çalışkandım çalışkandın çalışkandı çalışkandık çalışkandınız çalışkandılar	yorgundum yorgundun yorgundu yorgunduk yorgundunuz yorgundular
Frage	tembel miydim?	özgür müydüm?	çalışkan mıydım?	yorgun muydum?
Vokal.	iyi·y·dim	kötü·y·düm	hasta·y·dım	mutlu·y·dum
Vern.	*hasta* değildim, değildin, değildi, değildik, değildiniz, değildiler			
Vern. Frage	*hasta* değil miydim?			
Kons.	utangaç → utangaçtım, çocuk → çocuktum			

Reihenfolge der Endungen

Gegenstandswort + -li + -y + Vergangenheit + Person → güç·lü·y·dü·m (*ich war stark*)

Gegenstandswort + -siz + Vergangenheit + Person → haber·siz·di·m (*ich war ahnungslos*)

Gegenstandswort + wo?/wessen?/woher? + Vergangenheit + Person → siehe dazu z. B. Wo-Fall

Gegenstandswort + besitzanz. Endung + Vergangenheit + Person → siehe dazu: besitzanz. Endung

Das Funktionswort *imiş*

Gebrauch

In der Regel wird dieses Funktionswort als Endung gebraucht und vermittelt keine Zeitstufe. Mit dieser Form bringt man zum Ausdruck, dass man

1. eine Information aus zweiter Hand erhalten (gelesen oder gehört) hat:
   Sevim İtalya'daymış. (*Sevim soll in Italien sein.*)
2. den Wahrheitsgehalt einer Information bezweifelt:
   Elif çok başarılıymış. (*Elif soll sehr erfolgreich sein.*)
3. im Nachhinein eine (unerwartete) Feststellung macht:
   Bu çorba çok sıcakmış! (*Diese Suppe ist ja sehr heiß!*)

Endung

-miş, -müş, -mış, -muş

Bildung

	Nach e oder i	Nach ö oder ü	Nach a oder ı	Nach o oder u
ben	tembelmişim	özgürmüşüm	çalışkanmışım	yorgunmuşum
sen	tembelmişsin	özgürmüşsün	çalışkanmışsın	yorgunmuşsun
o	tembelmiş	özgürmüş	çalışkanmış	yorgunmuş
biz	tembelmişiz	özgürmüşüz	çalışkanmışız	yorgunmuşuz
siz	tembelmişsiniz	özgürmüşsünüz	çalışkanmışsınız	yorgunmuşsunuz
onlar	tembelmişler	özgürmüşler	çalışkanmışlar	yorgunmuşlar
Frage	tembel miymişim?	özgür müymüşüm?	çalışkan mıymışım?	yorgun muymuşum?
Vokal.	iyi·y·mişim	kötü·y·müşüm	hasta·y·mışım	mutlu·y·muşum
Vern.	*hasta* değilmişim, değilmişsin, değilmiş, değilmişiz, değilmişsiniz, değilmişler			
Vern. Frage	*hasta* değil miymiş?			

Besonderheit

Die Zeit muss aus dem Satzzusammenhang erschlossen werden.
Ali dün Ankara'da mıymış? (*Ob Ali wohl gestern in Ankara war?*)

Reihenfolge der Endungen

Gegenstandswort + -li + -y + -miş + Person → akıl·lı·y·mış·sın (*angeblich bist du klug*)

Gegenstandswort + -siz + -miş + Person → terbiye·siz·miş·iz (*angeblich sind wir ungezogen*)

Gegenstandswort + Fall + -miş → siehe dazu: Wo-Fall und besitzanz. Endung

Das Funktionswort *ise* (Bedingung)

Gebrauch

Mit dieser Form, die in Regel als Endung verwendet wird, bildet man reale Bedingungssätze.

Yorgunsan dinlen! (*Wenn du müde bist, ruhe dich aus!*)

Yorgun değilsen ders çalış! (*Wenn du nicht müde bist, lerne!*)

Endung

-se, -sa

Bildung

	Nach e oder i	Nach ö oder ü	Nach a oder ı	Nach o oder u
ben sen o biz siz onlar	tembelsem tembelsen tembelse tembelsek tembelseniz tembelseler/ tembellerse	özgürsem özgürsen özgürse özgürsek özgürseniz özgürseler/ özgürlerse	çalışkansam çalışkansan çalışkansa çalışkansak çalışkansanız çalışkansalar/ çalışkanlarsa	yorgunsam yorgunsan yorgunsa yorgunsak yorgunsanız yorgunsalar/ yorgunlarsa
Vokal.	iyi·y·sem	kötü·y·sem	hasta·y·sam	mutlu·y·sam
Vern.	*hasta* değilsem, değilsen, değilse, değilsek, değilseniz, değilseler			

Reihenfolge der Endungen

Gegenstandswort + -li + -y + Bedingung + Person → başarı·lı·y·sa·n (*wenn du erfolgreich bist*)

Gegenstandswort + -siz + Bedingung + Person → başarı·sız·sa·n (*wenn du erfolglos bist*)

Gegenstandswort + Fall + Bedingung + Person → siehe dazu: Wo-Fall, Wessen-Fall und Woher-Fall

Das Funktionswort *iken*

Gebrauch

Mit dem Funktionswort *iken* werden zwei Ereignisse verknüpft, die meistens zeitgleich verlaufen. In der Regel wird *iken* als Endung verwendet. Im Deutschen kann dieses Funktionswort mit *als, bei, während, solange* und *obwohl* übersetzt werden.
Çocukken sık sık resim yapardım. (*Als Kind malte ich oft Bilder.*)

Endung

Als Endung unterliegt *-ken* nicht der Vokalharmonie.

-ken bzw. -yken

Bildung

Gegenstandswort + -ken → çocuk·ken (*als Kind*)

Çocukken çok şımarıktım. (*Als Kind war ich sehr albern.*)

Besonderheit

Manchmal muss die Bedeutung aus dem Satzzusammenhang erschlossen werden:

İyiyken kötü oldu. (*Aus gut wurde schlecht.*)
Parasızken araba aldı. (*Er kaufte einen Wagen, obwohl er kein Geld hatte.*)

Reihenfolge der Endungen

Städtenamen + -li + -y + -ken → İstanbul·lu·y·ken
İstanbulluyken Ankaralı oldum. (*Obwohl ich aus Istanbul stamme, wurde ich Ankaraner.*)

Gegenstandswort + -siz + -ken → umut·suz·ken (*als ... hoffnungslos war*)

Gegenstandswort + wo?/wessen?/woher? + -ken → siehe dazu z. B. Wo-Fall

var und *yok*

Gebrauch

Die Wörter *var* (*es gibt*) und *yok* (*es gibt nicht*) werden im Türkischen sehr oft gebraucht.

Bugün konser var. (*Heute gibt es ein Konzert.*)
Bugün konser yok. (*Heute gibt es kein Konzert.*)

Besonderheit

Man kann auf die Frage *Oya evde mi?* folgendermaßen antworten:

Hayır, evde değil. (*Nein, sie ist nicht zu Hause.* [Aber: Ich weiß, wo sie sich aufhält.])
Hayır, evde yok. (*Nein, sie ist nicht zu Hause.*)

Reihenfolge der Endungen

var + Person → var·ım (*ich bin dabei*)
yok + Person → yok·sun (*du bist nicht da*)

var + -dır → var·dır (*es gibt*)
yok + -tur → yok·tur (*es gibt nicht*)

var + Vergangenheit → var·dı (*es gab*)
yok + Vergangenheit → yok·tu (*es gab nicht*)

var + -mış → var·mış (*angeblich gibt es*)
yok + -muş → yok·muş (*angeblich gibt es nicht*)

var + Bedingung → var·sa (*wenn es gibt*)
yok + Bedingung → yok·sa (*wenn es nicht gibt*)

Konstruktionen

Gegenstandswort + wo? | var/yok → siehe dazu: Wo-Fall

Fürwort + wo? | var/yok → siehe dazu: Wo-Fall

Fragewort + besitzanz. Endung | var/yok → ne·si var? (*Was hat er/sie/es?*)

Gegenstandswort + besitzanz. Endung | var/yok → siehe dazu: besitzanz. Endung

Die besitzanzeigende Endung (Das Possessivsuffix)

Gebrauch

Die deutschen besitzanzeigenden Fürwörter (Possessivpronomen wie z. B. *mein, dein* etc.) werden im Türkischen durch Endungen wiedergegeben.

Endungen und Bildung

	Nach e oder i	Nach ö oder ü	Nach a oder ı	Nach o oder u
benim senin onun bizim sizin onların	evim evin evi evimiz eviniz evleri	otobüsüm otobüsün otobüsü otobüsümüz otobüsünüz otobüsleri	sınıfım sınıfın sınıfı sınıfımız sınıfınız sınıfları	okulum okulun okulu okulumuz okulunuz okulları
Vokal.	oda·m, oda·n, oda·sı, oda·mız, oda·nız, oda·ları			
Hart. K.	aracım, sözlüğüm, kitabım			
!	Gegenstandswort + besitzanz. End. der 3. Person Einzahl/Mehrzahl + n + Fall → ev·i·n·de			
!	su → su·y·um, ne → ne·y·im			
!	evleri (*seine Häuser/ihr Haus/ihre Häuser*)			

Reihenfolge der Endungen

Gegenstandswort + besitzanz. Endung → ev·im (*mein Haus*)

Gegenstandswort + Mehrzahl + besitzanz. Endung → ev·ler·im (*meine Häuser*)

Gegenstandswort + besitzanz. Endung + Person → arkadaş·ım·sın (*du bist mein Freund*)

Gegenstandswort + besitzanz. Endung + Vergangenheit + Person → arkadaş·ım·dı·n (*du warst mein Freund*)

Gegenstandswort + besitzanz. End. + -miş + Person → komşu·m·muş·sun (*angeblich bist du mein Nachbar*)

Gegenstandswort + besitzanz. End. + Bedingung + Person → arkadaş·ım·sa (*wenn er mein Freund ist*)

Gegenstandswort + besitzanz. End. + Fall → siehe dazu: Fälle

Konstruktionen

Stamm + -me (verkürzte Grundform) + besitzanz. Endung | lâzım/gerek → gitmem lâzım (*ich muss gehen*)

Gegenstandswort + besitzanz. Endung | var → param var (*ich habe Geld*)

Gegenstandswort + besitzanz. Endung | yok → param yok (*ich habe kein Geld*)

Die Endung *-ki*

Gebrauch

Wird die Endung *-ki* an besitzanzeigende Fürwörter oder Gegenstandswörter im Wessen-Fall angehängt, entstehen Gegenstandswörter, die eine Zugehörigkeit ausdrücken.
Cem'in çantası evde. Benimki arabada. (*Cems Tasche ist im Haus, meine [die Meinige] ist im Auto.*)

Wird die Endung an den Wo-Fall von Gegenstandswörtern und Fürwörtern angehängt, entstehen Gegenstandswörter, die auch wie Eigenschaftswörter gebraucht werden können.
Raftaki kitaplar kimin? (*Wem gehören die im Regal befindlichen Bücher?)*

Wird *-ki* an Umstandswörter mit örtlicher und zeitlicher Bedeutung angehängt, entstehen Eigenschafts- oder Gegenstandswörter.
yarınki (*morgig*)

Endung

-ki

Besonderheiten

1. In nur wenigen Fällen unterwirft sich die Endung *-ki* der Vokalharmonie:

   bugünkü (heutig)
   dünkü (gestrig)

2. Mit *benimki* (*meine/r*) und *seninki* (*deine/r*) ist oft die Partnerin bzw. der Partner gemeint.

3. Nach *-ki* steht vor den Fallendungen der Bindekonsonant *n*:
   Besitzanz. Fürwort + -ki + -n + Fall → siehe dazu besitzanz. Fürwörter
   Gegenstandswort + wo?/wessen? + -ki + -n + Fall → siehe dazu z. B. Wessen-Fall

Reihenfolge der Endungen

Besitzanz. Fürwort + -ki → senin·ki (*deins* [*das Deinige*])

Gegenstandswort + wo?/wessen? + -ki → siehe dazu: Wo-Fall und Wessen-Fall

Die Fälle (Die Kasus)

Im Türkischen gibt es sechs Fälle. Die Fälle werden durch Endungen wiedergegeben.

Fall (Kasus)	Auf die Frage		
Wer-Fall keine Endung	kim? ne? *wer? was?*	kız (*das Mädchen*)	ev (*das Haus*)
Wo-Fall -de/-da	kimde? nerede? *bei wem? wo?*	kızda (*beim Mädchen*)	evde (*im Haus*)
Wessen-Fall -in/-ün/-ın/-un	kimin? *wessen?*	kızın (*des Mädchens*)	evin (*des Hauses*)
Wem- bzw. Wohin-Fall -e/-a	kime? nereye? *wem? wohin?*	kıza (*dem Mädchen*)	eve (*ins/zum Haus*)
Wen-Fall -i/-ü/-ı/-u	kimi? neyi? *wen? was?*	kızı (*das Mädchen*)	evi (*das Haus*)
Woher-Fall -den/-dan	kimden? nereden? *von wem? woher?*	kızdan (*vom Mädchen*)	evden (*aus dem Haus*)

Besonderheit

Einige zweisilbige Wörter verlieren den zweiten Vokal, wenn eine Endung angefügt wird, die mit einem Vokal beginnt. Diese Wörter sind in Wörterbüchern besonders gekennzeichnet.

şehir (*Stadt*) → *şehre* (*in die Stadt*)
vakit (*Zeit*) → *vaktim* (*meine Zeit*)

Reihenfolge der Endungen

Gegenstandswörter können mehrere Endungen annehmen. Die Reihenfolge der Endungen ist jedoch genau festgelegt:

Gegenstandswort + Fall

Gegenstandswort + Mehrzahl + Fall

Gegenstandswort + besitzanz. Endung + Fall

Gegenstandswort + Mehrzahl + besitzanz. Endung + Fall

Der Wer-Fall (Der Nominativ)

Gebrauch

Dieser Fall antwortet auf die Frage *kim?* (*wer?*) oder *ne?* (*was?*). Das Subjekt eines Satzes steht im Wer-Fall.

Endung

Gegenstandswörter im Wer-Fall haben keine Fallendungen.

Cem piyano çalıyor. (*Cem spielt Klavier.*)
Müzik çok güzel. (*Die Musik ist sehr schön.*)

Konstruktionen

häufig gebrauchte Kombinationen:

Gegenstandswort | zor/kolay → *Kalmak zor, gitmek kolay.*
(*Bleiben ist schwierig, Gehen ist einfach.*)

Gegenstandswort | lâzım/gerek
Dinlenmek lâzım. (*Ausruhen ist notwendig.*)

mit Verhältniswörtern (Postpositionen)
ile
Das Verhältniswort *ile* wird sehr oft mit dem Bezugswort verbunden und folgt dann der zweiförmigen Vokalharmonie.
otobüs ile → otobüs·le (*mit dem Bus*)
araba ile → araba·y·la (*mit dem Auto*)

Gegenstandswort + ile | yetinmek → etmek·le
Telefon etmekle yetindi. (*Er hat sich mit einem Anruf begnügt.*)

Gegenstandswort + ile | suçlamak → söylemek·le
Bizi yalan söylemekle suçladı. (*Er hat uns der Lüge bezichtigt.*)

Fragewort kim + Mehrzahl + ile → kim·ler·le? (*mit wem?*)
Fürwort biz/siz + Mehrzahl + ile → biz·ler·le (*mit uns*)
Fürwort bu/şu/o + -n + Mehrzahl + ile → bu·n·lar·la (*mit diesen*)

için (*für*), *gibi* (*wie*), *sonra* (*nach*), *önce* (*vor*), *kadar* (*so ... wie*)
Bezugswort | için → Hasan için (*für Hasan*)
Bezugswort | gibi → Yasemin gibi (*wie Yasemin*)
Bezugswort | önce → iki hafta önce (*vor zwei Wochen*)
Fragewort kim + Mehrzahl | gibi → kim·ler gibi (*wie wer?*)
Fürwort biz/siz + Mehrzahl | için → siz·ler için (*für euch*)
Fürwort bu/şu/o + -n + Mehrzahl | gibi → bu·n·lar gibi (*wie diese*)

Der Wo-Fall (Der Lokativ)

Gebrauch

Der Wo-Fall antwortet auf die Fragen *kimde?* (*bei wem?*) und *nerede?* (*wo?*). Im Deutschen gibt man Orts- und Zeitangaben meist mit den Verhältniswörtern *in*, *an*, *auf*, *bei* und *um* wieder.

Endung

-de, -da bzw. -te, -ta

Bildung

	Nach e, i, ö oder ü	Nach a, ı, o oder u
Betonung	evd<u>e</u>	okuld<u>a</u>
Harte Kons.	araçta, kitapta, sözlükte	
Eigennamen	Cem'de	Oya'da

Reihenfolge der Endungen

Gegenstandswort + wo? → ev·de (*im Haus*)

Gegenstandswort + wo? + -ki → ev·de·ki (*das im Haus vorhandene ...*)

Gegenstandswort + besitzanz. Endung + wo? → ev·im·de (*in meinem Haus*)

Gegenstandswort + besitzanz. Endung + wo? + -ki → ev·im·de·ki (*das in meinem Haus vorhandene ...*)

Gegenstandswort + Mehrzahl + wo? → ev·ler·de (*in den Häusern*)

Gegenstandswort + Mehrzahl + wo? + -ki → ev·ler·de·ki (*das in den Häusern vorhandene ...*)

Gegenstandswort + Mehrzahl + wo? + -ki + Mehrzahl → ev·ler·de·ki·ler (*die in den Häusern Vorhandenen*)

Gegenstandswort + Mehrzahl + wo? + -ki + Mehrzahl + alle Fälle → ev·ler·de·ki·ler·in (*der in den Häusern Vorhandenen*)

Gegenstandswort + Mehrzahl + wo? + -ki + Mehrzahl + ile → ev·ler·de·ki·ler·le (*mit den in den Häusern Vorhandenen*)

Gegenstandswort + wo? + -y + Person → ev·de·y·im (*ich bin im Haus*)

Gegenstandswort + wo? + -y + Vergangenheit + Person → ev·de·y·di·m (*ich war im Haus*)

Gegenstandswort + wo? + -y + -miş + Person → ev·de·y·miş·im (*ich soll im Haus sein*)

Gegenstandswort + wo? + -y + Bedingung + Person → ev·de·y·se·n
(*wenn du zu Hause bist*)

Gegenstandswort + wo? + -y + -ken → ev·de·y·ken (*während ... zu Hause ist/war*)

Konstruktionen

Fürwort + wo? | var → ben·de var (*bei mir gibt es/ich habe*)

Fürwort + wo? | yok → ben·de yok (*bei mir gibt es nicht /ich habe nicht*)

Gegenstandswort | zorunda/mecburiyetinde + Person → çalışmak zorun·da·sın
(*du musst arbeiten*)

Gegenstandswort | niyetinde + -y + Person → niyetin·de·y·im
Konsere gitmek niyetindeyim. (*Ich habe die Absicht ins Konzert zu gehen.*)

Gegenstandswort + wo? | zorlanmak → konuşmak·ta zorlanıyorum
(*Das Sprechen fällt mir schwer*)

Gegenstandswort + wo? | gecikmek → etmek·te
Telefon etmekte gecikme! (*Verspäte dich nicht mit dem Anruf!*)

Gegenstandswort + wo? + -ki | amaç/maksat → anlatmak·ta·ki
Bunu bize anlatmaktaki amacı belli. (*Seine Absicht, uns dies zu erzählen, ist offenkundig.*)

Der Wessen-Fall (Der Genitiv)

Gebrauch

Der Wessen-Fall antwortet auf die Frage *kimin?* (*wessen?*) und drückt eine Zugehörigkeit aus.

Endung

-in, -ün, -ın, -un

Bildung

	Nach e oder i	Nach ö oder ü	Nach a oder ı	Nach o oder u
Betonung	evin	bölümün	sınıfın	okulun
Vokal.	bahçe·n·in	öykü·n·ün	oda·n·ın	kutu·n·un
Hart. Kons.	aracın, kitabın, sözlüğün			
Eigennamen	Cem'in	Gül'ün	Oya'nın	Onur'un

Besonderheit

In der Regel steht das Wort mit der Endung *-in*, *-ün*, *-ın* oder *-un* in einer Wortkette. Als Satzaussage kann es jedoch isoliert stehen:

Bu bisiklet sporcunun. (*Dieses Fahrrad gehört dem Sportler.*)

Reihenfolge der Endungen

Gegenstandswort + wessen? + -ki (Zugehörigkeit) → Ali'nin·ki (*das ... von Ali bzw. Alis ...*)

Mete'nin bisikleti garajda, Koray'ınki bahçede. (*Metes Fahrrad ist in der Garage, Korays ist im Garten.*)

Gegenstandswort + wessen? + -ki + -n + Fall → Oya'nın·ki·n·i görmedim. (*Oyas [Fahrrad] habe ich nicht gesehen.*)

Gegenstandswort + besitzanz. Endung + wessen? + -ki → anne·m·in·ki
Babamın arabası eski, anneminki yeni. (*Das Auto meines Vaters ist alt, das meiner Mutter ist neu.*)

Gegenstandswort + besitz. Endung + wessen? + -miş → anne·m·in·miş
Bu, anneminmiş. (*Dies gehört angeblich meiner Mutter.*)

Gegenstandswort + besitz. Endung + wessen? + Bedingung → anne·m·in·se
Bu, anneminse babamınki nerede? (*Wenn das meiner Mutter gehört, wo ist dann das von meinem Vater?*)

Die Wortverkettungen

Es gibt drei Arten von Wortverkettungen:

Wortverkettung ohne Endungen
bayan kuaför (*Friseurin*)

Endung am zweiten Glied der Kette
bayan kuaförü (*Damenfriseur/in*)

Endung am ersten und zweiten Glied
bayanın kuaförü (*Friseur/in der Dame*)

Wortverkettung ohne Endungen

Gebrauch

Das erste Wort beschreibt das folgende. Weder das erste noch das zweite Glied trägt eine Endung, die die Kette zusammenhält.
erkek öğretmen (*Lehrer*)

Eigenschaftswörter können nur vor der Kette stehen:
yeni erkek öğretmen (*der neue Lehrer*)

Diese Wortverkettung kommt auch bei Materialbezeichnungen vor:
gümüş küpe (*Silberohrring/Ohrring aus Silber*)

Reihenfolge der Endungen

1. ohne | 2. Wort + Mehrzahl → gümüş küpe·ler (*Silberohrringe*)

1. ohne | 2. Wort + Mehrzahl + besitzanz. Endung → gümüş küpe·ler·im (*meine Silberohrringe*)

1. ohne | 2. Wort + Mehrzahl + besitzanz. Endung + wessen? → gümüş küpe·ler·im·in (*meiner Silberohrringe*)

1. ohne | 2. Wort + besitzanz. Endung → gümüş küpe·m (*mein Silberohrring*)

Endung am zweiten Glied der Kette

Gebrauch

Wie im Deutschen gibt es auch im Türkischen zusammengesetzte Gegenstandswörter. Viele davon stehen im Wörterbuch.

Endung

Besitzanzeigende Endung: -si, -sü, -sı, -su, oder -i, -ü, -ı, -u

Bildung

Die einzelnen Wörter werden meist getrennt geschrieben. Das erste Glied der Kette bleibt unverändert, das zweite Glied nimmt die besitzanzeigende Endung an: *spor sahası* (*Sportplatz*)

Das zweite Glied der Kette kann nur **eine** besitzanzeigende Endung annehmen. Wenn an die Kette z. B. die besitzanzeigende Endung der 1. Person angefügt wird, entfällt die Endung der 3. Person: *ders kitabım* (*mein Schulbuch*)

Bezeichnungen für Religionen, Nationalitäten und Sprachen bilden oft das erste Glied der Kette und werden großgeschrieben: *İngilizce kursu* (*Englischkurs*)

Besonderheiten

Die Tatsache, dass nur eine besitzanzeigende Endung angefügt werden kann, führt manchmal zu Doppeldeutigkeiten: *okul çantası* (*Schultasche* oder *seine Schultasche*)

Reihenfolge der Endungen

1. ohne | 2. Wort + besitzanz. Endung + -n + alle Fälle
→ oturma oda·sı·n·da (*im Wohnzimmer*)

1. ohne | 2. Wort + besitzanz. Endung → oturma oda·mız (*unser Wohnzimmer*)

1. ohne | 2. Wort + besitzanz. Endung + alle Fälle
→ oturma oda·mız·da (*in unserem Wohnzimmer*)

1. ohne | 2. Wort + besitzanz. Endung + wo? + -ki
→ oturma oda·mız·da·ki (*die in unserem Wohnzimmer befindlichen ...*)

1. ohne | 2. Wort + besitzanz. Endung + -n + wo? + -y + Person
→ oturma oda·sı·n·da·y·ım (*ich bin im Wohnzimmer*)

Erweiterung der Kette

1. ohne | 2. Wort mit besitzanz. Endung | Erweiterung mit Endung
→ oturma oda·sı takım·ı (*Wohnzimmergarnitur*)

1. ohne | 2. Wort mit besitzanz. Endung + -n + wessen? | 3. Wort mit Endung
→ oturma oda·sı·n·ın kapı·sı (*die Tür des Wohnzimmers*)

Endung am ersten und zweiten Glied der Kette

Gebrauch

Auf ein Wort, das die vierförmige Endung *-in, -ün, -ın, -un* trägt, folgt in der Regel ein Wort mit einer besitzanzeigenden Endung.

Bildung

An das erste Wort wird die vierförmige Endung *-in, -ün, -ın, -un* angefügt, das zweite erhält die besitzanzeigende Endung. Die Glieder der Kette können getrennt werden.
Ela'nın arabası (Elas Auto)
Ela'nın yeni arabası çok güzel. (Elas neues Auto ist sehr schön.)

Reihenfolge der Endungen bzw. Ketten

1. Wort + wessen? | 2. Wort + besitzanz. Endung → çocuğ·un oda·sı (*das Zimmer des Kindes*)

1. Wort + Mehrzahl + wessen? | 2. Wort + besitzanz. Endung → çocuk·lar·ın oda·sı (*das Zimmer der Kinder*)

1. Wort + Mehrzahl + besitzanz. Endung + wessen? | 2. Wort + Mehrzahl + besitzanz. Endung → çocuk·lar·ım·ın oda·lar·ı (*die Zimmer meiner Kinder*)

1. Wort + besitzanz. Endung + wessen? | 2. Wort + besitzanz. Endung + -n + wessen? | 2. Kette → arkadaş·ım·ın baba·sı·n·ın spor araba·sı (*der Sportwagen des Vaters meines Freundes*)

Konstruktionen

var/yok
Ali'n·in para·sı yok. (Ali hat kein Geld.)

farkında/bilincinde
Bu·n·un fark·ı·n·da·y·ım. (Ich bin mir darüber im Klaren.)
Bu·n·un bilinc·i·n·de değil. (Er ist sich dessen nicht bewusst.)

Gegenstandswörter auf *-me/-ma*
Ali'nin gel·me·si·n·i istemiyorum. (Ich will nicht, dass Ali kommt.)

Mittelwort auf *-diği* (siehe auch Mittelwort auf *-diği*)
Ali'nin gel·diği·n·i gördüm. (Ich habe gesehen, dass Ali kommt.)

Verhältniswörter
alt (*unter*), *ara* (*zwischen*), *arka* (*hinter*), *ön* (*vor*), *dış* (*außerhalb*), *üst* (*auf*), *iç* (*in*), *yan* (*neben*), *karşı* (*gegenüber*)
kutunun içinde (*in der Box*)
masanın üstünde (*auf dem Tisch*)

Der Wem- bzw. Wohin-Fall (Der Dativ)

Gebrauch

Der Wem- bzw. Wohin-Fall antwortet auf die Frage *kime?* (*wem, für wen?*) und *nereye?* (*wohin?*). Im Deutschen gibt man diese Richtungsangaben mit *in ..., nach ..., zu ...* oder *für ...* wieder.

Endung

-e, -a

Bildung

	Nach e, i, ö, oder ü	Nach a, ı, o oder u
Betonung	ev<u>e</u>	okul<u>a</u>
Vokal.	bahçe·y·e	oda·y·a
Hart. Kons.	araca, kitaba, sözlüğe	
Eigennamen	Cem'e	Oya'ya
!	Folgt dieser Fall auf die besitzanzeigende Endung, wird ein *n* eingefügt: çanta·sı·n·a	

Reihenfolge der Endungen

Gegenstandswort + wohin? → ev·e (*in das Haus*)
Gegenstandswort + Mehrzahl + wohin? → ev·ler·e (*in die Häuser*)
Gegenstandswort + besitzanz. Endung + wohin? → ev·im·e (*in mein Haus*)
Gegenstandswort + Mehrzahl + besitzanz. Endung + wohin? → ev·ler·im·e (*in meine Häuser*)

Konstruktionen

Gegenstandswort + -y + wohin? | başlamak → çalışma·y·a
Çalışmaya başladım. (*Ich habe begonnen zu arbeiten.*)

Gegenstandswort/Fürwort + wohin? | *lâzım/lâzım değil*
Bana bisiklet lâzım. (*Ich brauche ein Fahrrad.*)
Bana bisiklet lâzım değil. (*Ich brauche kein Fahrrad.*)

Gegenstandswort/Fürwort + wohin? | gerek var/yok
Açıklamaya gerek yok. (*Es ist nicht nötig, zu erklären*)
Buna gerek var mı? (*Ist dies erforderlich?*)

Mit den Verhältniswörtern *ait* (*zugehörig, betreffend*) *dair/ilişkin* (*betreffs, betreffend*), *doğru* (*in Richtung auf, gegen*), *göre* (*gemäß, zufolge*), *kadar/değin* (*bis*), *karşı* (*gegen*), *karşın/rağmen* (*trotz*)
Bu, bana ait değil. (*Das gehört mir nicht.*)

Der Wen-Fall (Der Akkusativ)

Gebrauch

Der Wen-Fall antwortet auf die Fragen *kimi? (wen?)* bzw. *neyi? (was?)* und wird nur bei bestimmten Objekten angezeigt. Bei unbestimmten Objekten wird diese Endung nicht gesetzt:

Ağacı görüyorum. (*Ich sehe den Baum.*)
Bir ağaç görüyorum. (Ich sehe einen Baum.)
Ağaçları görüyorum. (Ich sehe die Bäume.)
Ağaçlar görüyorum. (Ich sehe Bäume.)

Endung

-i, -ü, -ı, -u

Bildung

	Nach e oder i	Nach ö oder ü	Nach a oder ı	Nach o oder u
Betonung	evi	bölümü	sınıfı	okulu
Vokal.	bahçe·y·i	öykü·y·ü	oda·y·ı	kutu·y·u
Hart. Kons.	aracı, sözlüğü, kitabı			
Eigennamen	Cem'i	Gül'ü	Oya'yı	Burcu'yu

Reihenfolge der Endungen

Gegenstandswort + was? → ev·i (*das Haus*)

Gegenstandswort + Mehrzahl + was? → ev·ler·i (*die Häuser*)

Gegenstandswort + besitzanz. Endung + was? → ev·im·i (*mein Haus*)

Gegenstandswort + Mehrzahl + besitzanz. Endung + was? → ev·ler·im·i (*meine Häuser*)

Gegenstandswort + Mehrzahl + besitzanz. Endung + wo? + -ki + -n + was?
→ ev·ler·imiz·de·ki·n·i (*das in unseren Häusern Vorhandene*)

Der Woher-Fall (Der Ablativ)

Gebrauch

Der Woher-Fall antwortet auf die Fragen *nereden? (woher?)* bzw. *kimden? (von wem?)*. Er drückt eine Herkunft oder eine Bewegung aus und wird im Deutschen mit *aus* oder *von* wiedergegeben. Der Woher-Fall kann je nach Kontext auch mit *an, wegen* (Grund oder Ursache), *durch, hindurch* oder *aus* (Material) übersetzt werden.

Bir arkadaştan aldım. (*Ich habe es von einem Freund bekommen.*)
Stresten hastalandı. (*Sie ist an Stress erkrankt.*)
Parktan geçtik. (*Wir sind durch den Park gelaufen.*)

Endung

-den, -dan bzw. -ten, -tan

Bildung

	Nach e, i, ö oder ü	Nach a, ı, o oder u
Betonung	evd<u>e</u>n	okuld<u>a</u>n
Hart. Kons.	ağaçtan, dersten, kitaptan	
Eigennamen	Cem'den	Oya'dan

Reihenfolge der Endungen

Gegenstandswort + woher? → ev·den (*aus dem Haus*)

Gegenstandswort + Mehrzahl + woher? → ev·ler·den (*aus den Häusern*)

Gegenstandswort + besitzanz. Endung + woher? → ev·im·den (*aus meinem Haus*)

Gegenstandswort + Mehrzahl + besitzanz. Endung + woher? → ev·ler·im·den (*aus meinen Häusern*)

Fürwort + von wem? → ben·den (*von mir*)

Gegenstandswort + woher? + Person → takım·dan·sın (*du bist aus der Mannschaft*)

Konstruktionen

Gegenstandswort + woher? | vazgeçmek → gitmek·ten
Bursa'ya gitmekten vazgeçtik. (Wir sind davon abgekommen, nach Bursa zu fahren.)

Mit den Verhältniswörtern *başka* (*außer*), *beri* (*seit*), *dolayı/ötürü* (*wegen*), *itibaren* (*ab*), *önce/evvel* (*vor*), *sonra* (*nach*).
Burada senden başka kimse yok mu? (*Ist hier niemand außer dir?*)
Ali'den sonra Koray geldi. (*Nach Ali kam Koray.*)

Die persönlichen Fürwörter (Die Personalpronomen)

Gebrauch

Im Türkischen setzt man die persönlichen Fürwörter nur zur Betonung ein, denn die Person wird bereits durch das Tätigkeitswort angezeigt. Die persönlichen Fürwörter können alle Fallendungen annehmen.

	ich	du	er/sie/es	wir	Ihr/Sie	sie
wer?	ben	sen	o	biz	siz	onlar
wessen?	benim	senin	onun	bizim	sizin	onların
wem?	bana	sana	ona	bize	size	onlara
wen?	beni	seni	onu	bizi	sizi	onları
bei wem?	bende	sende	onda	bizde	sizde	onlarda
von wem?	benden	senden	ondan	bizden	sizden	onlardan

Besonderheit

Bei der 3. Person Einzahl unterscheidet man nicht klar zwischen den Geschlechtern *er, sie, es* wie im Deutschen. Die 2. Person Mehrzahl ist zugleich die Höflichkeitsform.

Reihenfolge der Endungen

Fürwort (biz/siz) + Mehrzahl → biz·ler (*wir alle*)

Fürwort (biz/siz) + Mehrzahl + ile → siz·ler·le (*mit euch allen*)

Fürwort + von wem? → sen·den (*von dir*)

Fürwort + wo? + -ki → ben·de·ki (*das bei mir vorhandene ...*)

Fürwort + wo? + -ki + Mehrzahl → ben·de·ki·ler (*die bei mir Vorhandenen*)

Fürwort + wo? + -ki + Mehrzahl + woher? → ben·de·ki·ler·den (*von denen, die ich habe/ die bei mir sind*)

Fürwort + -ce → ben·ce (*meiner Meinung nach*)

Fürwort + -siz → ben·siz (*ohne mich*)

Fürwort + -siz + Person → sen·siz·im (*ich bin ohne dich*)

Die besitzanzeigenden Fürwörter (Die Possessivpronomen)

Gebrauch

Die besitzanzeigenden Fürwörter setzt man nur zur Betonung ein, weil die besitzanzeigende Endung bereits den Besitz anzeigt. Auf das besitzanzeigende Fürwort folgt das Bezugswort mit passender Endung.
bizim arabamız (*unser Auto*)

benim	(*mein*)	*bizim*	(*unser*)
senin	(*dein*)	*sizin*	(*euer/Ihr*)
onun	(*ihr/sein*)	*onların*	(*ihr*)

Besonderheit

Lässt man die besitzanzeigende Endung weg, so erhält die Aussage einen abwertenden bzw. ironischen Beigeschmack.
bizim araba (*unsere Kiste*)

Reihenfolge der Endungen

Besitzanz. Fürwort + -ki → benim·ki (*das Meinige*)

Besitzanz. Fürwort + -ki + Mehrzahl → benim·ki·ler (*die Meinigen*)

Besitzanz. Fürwort + -ki + -n + alle Fälle → benim·ki·n·de (*in dem Meinigen*)

Besitzanz. Fürwort + -miş → senin·miş
Bu, seninmiş. (*Das gehört angeblich dir.*)

Besitzanz. Fürwort + Bedingung → senin·se
Bu seninse benimki nerede? (*Wenn das dir gehört, wo ist meins?*)

Konstruktionen mit den Verhältniswörtern *gibi* (*wie*), *için* (*für*), *ile* (*mit*), *kadar* (*so wie*)

Besitzanz. Fürwort + ile → benim·le (*mit mir*)

Besitzanz. Fürwort + ile + -y + Person → senin·le·y·im (*ich bin bei dir*)

Besitzanz. Fürwort | için → senin için (*für dich*)

Die Fürwörter *kendi* und *birbiri*

kendi (Das Reflexivpronomen)

Gebrauch

1. Steht *kendi* unveränderlich vor einem Gegenstandswort, so steht es für *eigen*.

   Kendi evimiz daha güzel. (Unser eigenes Haus ist schöner.)

2. *Kendi* kann auch besitzanzeigende Endungen sowie alle Fallendungen annehmen. Dann wird es mit *selbst* übersetzt.

   Paketi kendim yaptım. (Das Paket habe ich selbst gemacht.)

   Kendime pasta yaptım. (Ich habe mir [für meine Person] einen Kuchen gebacken.)

3. In Verbindung mit bestimmten Tätigkeitswörtern kann *kendi* als rückbezügliches Fürwort eingesetzt werden.

   Sevgi kendini çok zorluyor. (Sevgi tut sich sehr schwer.)

Das Fürwort *birbiri* (Das Reziprokpronomen)

Gebrauch

Birbiri drückt eine Wechselseitigkeit aus und kann mit *einander/miteinander/untereinander/aufeinander/gegenseitig* und *sich* übersetzt werden. *Birbiri* kommt nur in der 3. Person Einzahl sowie in der 1., 2. und 3. Person Mehrzahl vor. Das Fürwort kann alle Fallendungen annehmen.

Birbirleriyle kavga ediyorlar. (Sie streiten sich untereinander.)

Birbirimize yardım ettik. (Wir haben einander geholfen.)

Die Fragewörter (Die Interrogativpronomen)

Gebrauch

Die gebräuchlichsten Fragewörter sind *hangi?* (*welche/r/s?*), *kaç?* (*wie viel?*), *kim?* (*wer?*), *nasıl?* (*wie?*), *ne?* (*was?*), *ne kadar?* (*wie lange?/wie viel?*) *ne zaman?* (*wann?*), *nerede?* (*wo?*), *nereden?* (*woher?*), *nereye?* (*wohin?*).

Die Fragewörter *hangi?* (*welche/r/s?*), und *kaç?* (*wie viel?*) können als Eigenschafts- oder Gegenstandswörter verwendet werden. Als Eigenschaftswort stehen sie unverändert vor dem Bezugswort.
Hangi ev? (*Welches Haus?*)
Kaç kişi? (*Wie viele Personen?*)

Die Fragewörter *hangisi?* (*welche/r/s von ...?*) *kim?* (*wer?*) und *ne?* (*was?*) können diverse Endungen annehmen.

Reihenfolge der Endungen

hangisi + -n + was? → hangisi·n·i? (*welchen von ihnen?*)

hangi + besitzanz. Endung → hangi·miz? (*welcher von uns?*)

kim + Mehrzahl → kim·ler? (*wer alles?*)

kim + alle Fälle → kim·de? (*bei wem?*)

kim + Person → kim·sin? (*wer bist du?*)

kim + wessen? + -ki + -n + Kasus → kim·in·ki·n·de? (*in/bei wessen ...?*)

ne + Mehrzahl → ne·ler? (*was alles?*)

ne + -y + alle Fälle → ne·y·i? (*was?*)

ne + Person → ne·sin? (*was bist du?*)

ne + -y + Vergangenheit + Person → ne·y·di·n? (*was warst du?*)

ne + -y + -miş + Person → ne·y·miş·iz? (*was sind wir angeblich?*)

ne + ile → ne·y·le? (*womit?*)

Konstruktionen mit *gibi* (*wie*), *için* (*für*), *ile* (*mit*), *kadar* (*so wie*)

Das Fragewort steht im Wessen-Fall:

kim + wessen? + ile → kim·in·le? (*mit wem?*)

kim + wessen? + ile + Person → kim·in·le·sin? (*mit wem bist du?*)

kim + wessen? | için → kim·in için? (*für wen?*)

Die hinweisenden Fürwörter (Die Demonstrativpronomen)

Gebrauch

Im Türkischen verwendet man:

bu (*diese, dieser, dieses, der/die/das hier* – räumlich nah)

şu (*diese, dieser, dieses, der/die/das da* – etwas weiter weg)

o (*jene, jener, jenes, der/die/das dort* – räumlich entfernt, möglicherweise nicht in sichtbarer Nähe)

Die hinweisenden Fürwörter können wie Eigenschafts- oder Gegenstandswörter gebraucht werden. Sie können unverändert vor dem Gegenstandswort stehen, auf das sie hinweisen. Werden sie als Gegenstandswort verwendet, können sie Endungen annehmen.

Reihenfolge der Endungen

bu/şu/o + -n + Mehrzahl → bu·n·lar (*diese hier*)

bu/şu/o + -n + Mehrzahl + alle Fälle → bu·n·lar·dan (*von diesen*)

bu/şu/o + -n + Mehrzahl + ile → on·lar·la (*mit jenen*)

bu/şu/o + -n + Mehrzahl + ile + -y + Person → on·lar·la·y·ım (*ich bin mit jenen*)

bu/şu/o + -n + alle Fälle → şu·n·u (*diesen da*)

bu/şu/o + -y + Person → ben bu·y·um (*das bin ich*)

bu/şu/o + -y + -muş + Person → bu·y·muş·um
Ben buymuşum. (*Das bin ich angeblich.*)

bu/şu/o + -y + Bedingung + Person → bu·y·sa·m
Ben buysam sen nesin? (*Wenn ich das bin, was bist du?*)

Konstruktionen mit *gibi* (*wie*), *için* (*für*), *ile* (*mit*), *kadar* (*so wie*)

Die hinweisenden Fürwörter *bu, şu, o* stehen im Wessen-Fall:

bu/şu/o + -n + wessen? | gibi → bu·n·un gibi (*wie dies*)

bu/şu/o + -n + wessen? | ile → o·n·un·la (*mit jenem*)

bu/şu/o + -n + wessen? | kadar → o·n·un kadar (*so wie er/sie/es*).

Die unbestimmten Fürwörter (Die Indefinitpronomen)

Gebrauch

Unbestimmte Fürwörter können als Eigenschafts- oder Gegenstandswörter verwendet werden. Als Eigenschaftswort stehen sie unverändert vor dem Bezugswort. Einige dieser Fürwörter können als Gegenstandswort fungieren, wenn sie mit einer besitzanzeigenden Endung erweitert sind.

Als Eigenschaftswörter werden *başka* (*andere/r/s*), *bazı* (*manche/r/s*), *bir* (*ein*), *her* (*jede/r/s*), *birkaç* (*einige*), *birçok* (*viele*) gebraucht.

Als Gegenstandswörter werden *başkası* (*andere/r/s*), *bazısı* (*manche/r/s, einige*), *bir şey* (*etwas*), *birçoğu* (*viele*), *birisi* (*jemand*), *birkaçı* (*einige*), *hiçbiri* (*keiner/niemand*), *hiçbir şey* (*nichts*), *hepsi* (*alles*), *her şey* (*alles*), *herkes* (*jede/r/s*), *kimse* (*jemand/niemand*), gebraucht.

Als Eigenschafts- und Gegenstandswort werden *kimi* (*mancher/r/s*) und *öteki* (*anderer/r/s*) verwendet. Unbestimmte Fürwörter, die als Gegenstandswörter fungieren, nehmen diverse Endungen an.

Reihenfolge der Endungen

Fürwort + Mehrzahl → öteki·ler (*die Anderen*)

Fürwort + Mehrzahl + alle Fälle → öteki·ler·e (*den Anderen*)

Fürwort + -n + alle Fälle → hepsi·n·i (*alles*)

Fürwort + besitzanz. Endung → birçoğu·muz (*die meisten von uns*)

Fürwort + -n + wessen? + -ki → bazısı·n·ın·ki (*das ... von manchen*)

Fürwort + ile → herkes·le (*mit jedem*)

Die Zahlwörter

Die Zahlwörter können als Eigenschafts- oder Gegenstandswörter verwendet werden. Als Eigenschaftswörter stehen sie unverändert vor dem Gegenstandswort. Werden sie als Gegenstandswörter gebraucht, können sie alle Endungen annehmen.

Die Grundzahlen

Grundzahlen	Ordnungszahlen
0 | sıfır	-
1 | bir	birinci
2 | iki	ikinci
3 | üç	üçüncü
4 | dört	dördüncü
5 | beş	beşinci
6 | altı	altıncı
7 | yedi	yedinci
8 | sekiz	sekizinci
9 | dokuz	dokuzuncu
10 | on	onuncu

Grundzahlen	Ordnungszahlen
11 | on bir	on birinci
20 | yirmi	yirminci
30 | otuz	otuzuncu
40 | kırk	kırkıncı
50 | elli	ellinci
60 | altmış	altmışıncı
70 | yetmiş	yetmişinci
80 | seksen	sekseninci
90 | doksan	doksanıncı
100 | yüz	yüzüncü
1000 | bin	bininci

Die Grundzahlen werden getrennt geschrieben:
Tausender → Hunderter → Zehner → Einer: bin iki yüz elli üç (1253)

Besonderheit

Nach Zahlwörtern steht das Gegenstandswort stets in der Einzahl.
iki kişi (*zwei Personen*)

Reihenfolge der Endungen

Grund-/Ordnungszahl + Mehrzahl → birinci·ler (*die Ersten*)

Grund-/Ordnungszahl + alle Fälle → saat sekiz·de (*um acht Uhr*)

Grund-/Ordnungszahl + besitzanz. Endung → iki·niz (*Ihr beide*)

Ordnungszahl + Person → üçüncü·sün (*du bist Dritter*)

Ordnungszahl + -y + Bedingung + Person → birinci·y·sen (*wenn du Erster bist*)

Ordnungszahl + -y + -miş + Person → dördüncü·y·müş (*er soll Vierter sein*)

Ordnungszahl + -y + Vergangenheit + Person → üçüncü·y·dü (*er war Dritter*)

Die Uhrzeit

1. Auf die Frage *Saat kaç?* (*Wie viel Uhr ist es?*) kann man unterschiedliche Antworten erhalten:

   Offizielle Zeitangaben (Fernsehen, Bahnhof, Flughafen) umfassen wie bei der digitalen Uhr 24 Stunden:
   Saat yirmi üç elli beş. (*Es ist 23:55 Uhr.*)

   In der Umgangssprache zählt man nur 12 Stunden. Die Uhrzeit wird bis zu den ersten 29 Minuten nach der vollen Stunde mit *geçiyor* und dem Wen-Fall angegeben. Auf die Nennung von *saat* (*Stunde*) und *dakika* (*Minute*) wird meist verzichtet.
   Dördü on geçiyor. (*Es ist 10 Minuten nach vier Uhr.*)

   Anstatt *yirmi beş geçiyor* (*25 nach*) sagt man oft *buçuğa beş var* (*fünf vor halb*).

   Die Viertelstunden werden mit çeyrek wiedergegeben:
   Dördü çeyrek geçiyor. (Es ist Viertel nach vier.)

   Die halbe Stunde wird lediglich mit *buçuk* wiedergegeben:
   Saat dört buçuk. (Es ist halb fünf.)

   Die Uhrzeit ab 29 Minuten vor der vollen Stunde wird mit *var* angegeben, wobei die volle Stunde im Wem- oder Wohin-Fall steht:
   Yediye beş var. (*Es ist fünf vor sieben.*)

2. Auf die Frage *Saat kaçta?* (*Um wie viel Uhr?*) antwortet man, indem man *var* durch *kala* und *geçiyor* durch *geçe* ersetzt:

   Dördü on geçe. (*Um zehn nach vier.*)
   Dördü çeyrek geçe. (*Um Viertel nach vier.*)
   Yediye beş kala. (*Um fünf vor sieben.*)

   Bei vollen und halben Stunden verwendet man den Wo-Fall:
   Saat dörtte. (Um vier Uhr.)
   Saat dört buçukta. (Um halb fünf.)

Die Tätigkeitswörter (Die Verben)

Die Grundform der Tätigkeitswörter (Der Infinitiv)

Die Grundform der Tätigkeitswörter endet auf *-mek* oder *-mak*, z. B. *gelmek*. Entfernt man die Endung *-mek* oder *-mak*, erhält man den Stamm des Tätigkeitswortes. Dieser kann ein- oder mehrsilbig sein.

Beugen der Tätigkeitswörter (Die Konjugation)

Der Stamm bleibt bei der Konjugation unverändert. An den Stamm werden Endungen angefügt. Diese stehen für Verneinung, Zeit, grammatische Kategorie des Tätigkeitswortes (Modus) sowie die Person. Fragepartikeln werden getrennt geschrieben. Nach einem Baukastenprinzip kann man an die Endungen der Grundzeiten weitere Zeitendungen anfügen. Dies verläuft nach einem festen Schema. Im Türkischen gibt es nur sehr wenige unregelmäßige Tätigkeitswörter.

Manche Tätigkeitswörter verlangen einen Fall, andere hingegen können mehrere Fälle verlangen.

Es gibt Tätigkeitswörter, die ein Objekt verlangen (transitive Verben).

Es gibt verschiedene Endungen, mit denen an Gegenstands- oder Tätigkeitswörtern die Personen kenntlich gemacht werden. In diesem Zusammenhang unterscheidet man Typ I und Typ II. Die Personalendungen werden in den Tabellen übersichtlich aufgeführt.

Die Umstandswörter (Die Adverbien)

Umstandswörter bestimmen einen Zustand oder einen Vorgang hinsichtlich der Zeit, des Orts und der Richtung sowie der Art und Weise. In der Regel stehen sie vor dem Satzteil, den sie näher bestimmen.
Mete çok hızlı koştu. (Mete ist sehr schnell gerannt.)

Auch Eigenschaftswörter können im Türkischen als Umstandswörter verwendet werden.
Aylin güzel konuşuyor. (Aylin spricht schön.)

Umstandswörter der Zeit

Umstandswörter der Zeit antworten auf die Frage *wann?, wie lange?* und *wie oft?*. Dazu gehören z. B. *dün (gestern), bugün (heute), yarın (morgen), erken (früh), geç (spät), şimdi (jetzt).*
Yarın bilet alacağım. (Morgen werde ich Tickets kaufen.)

Umstandswörter des Ortes und der Richtung

Umstandswörter des Ortes und der Richtung antworten auf die Fragen *wo?, wohin?* oder *woher?*. Dazu gehören z. B. *burada (hier), şurada (da), orada (dort drüben), içeri (drinnen), dışarı (draußen), yukarı (oben), aşağı (unten).*
Dışarı çık! (Geh hinaus!)

Umstandswörter der Art und Weise

Umstandswörter der Art und Weise antworten auf die Frage *wie?*. Dazu gehören Umstandswörter mit der Endung *-ce/-ca* wie z. B. *iyice (ausgiebig, gründlich)* oder *çabuk (schnell), yavaş (langsam)* und Verdoppelungen wie *bile bile (wissentlich), seve seve (liebend gern).*
Seve seve yardım ederim! (Ich helfe liebend gern!)

Die Hilfstätigkeitswörter *olmak* und *etmek*

olmak (*sein/werden*)

Gebrauch

Das wichtigste Hilfstätigkeitswort im Türkischen ist *olmak*. Es wird für *sein*, *werden* und *haben/bekommen* verwendet.

Arkadaş oluruz. (Wir werden Freunde.)
Kulübe üye oldum. (Ich bin Mitglied im Club geworden.)

Die Zukunftsform von *var* und *yok*

Es gibt keine Zukunftsform für die Wörter *var* und *yok*. Man verwendet das Hilfstätigkeitswort *olmak* in der 3. Person Einzahl *olacak* bzw. *olmayacak* und kombiniert es mit einem Gegenstandswort und der besitzanzeigenden Endung.

Yakında evimiz olacak. (Wir werden bald ein Haus haben.)
Arabamız olmayacak. (Wir werden kein Auto haben.)

etmek (*tun*)

Das zweitwichtigste Hilfstätigkeitswort im Türkischen ist *etmek* (*tun, machen*). Es kommt häufig in festen Wortverbindungen vor.

teşekkür etmek (sich bedanken)
telefon etmek (telefonieren)
kavga etmek (sich streiten)

Die Befehlsform (Der Imperativ)

Gebrauch

Der Imperativ wird verwendet, um

1. einen Befehl auszudrücken:
   Buraya gel! (*Komm her!*)
2. einen Wunsch zu äußern (in feststehenden Redewendungen):
   İyi günlerde kullanın! (*Viel Spaß damit!*) [*Beim Einkaufen.*]
3. ein Verbot wiederzugeben:
   Çimenlere basmayınız! (*Treten Sie nicht auf den Rasen!*)

Endungen

In der 2. Person Einzahl entspricht die Befehlsform dem Stamm. In der 2. Person Mehrzahl gibt es zwei Formen: -in, -ün, -ın, -un bzw. -iniz, -ünüz, -ınız, -unuz.

Bildung

	Nach e oder i	Nach ö oder ü	Nach a oder ı	Nach o oder u
sen	gel	gör	al	bul
o	gelsin	görsün	alsın	bulsun
siz	gelin/geliniz	görün/görünüz	alın/alınız	bulun/bulunuz
onlar	gelsinler	görsünler	alsınlar	bulsunlar
Nach Vokal				
sen	oku			
o	okusun			
siz	okuyun/okuyunuz			
onlar	okusunlar			
Verneint				
sen	gelme	görme	alma	bulma
o	gelmesin	görmesin	almasın	bulmasın
siz	gelmeyin/ gelmeyiniz	görmeyin/ görmeyiniz	almayın/almayınız	bulmayın/bulmayınız
onlar	gelmesinler	görmesinler	almasınlar	bulmasınlar

Frage				
o	gelsin mi?	görsün mü?	alsın mı?	bulsun mu?
onlar	gelsinler mi?	görsünler mi?	alsınlar mı?	bulsunlar mı?
Verneinte Frage				
o	gelmesin mi?	görmesin mi?	almasın mı?	bulmasın mı?
onlar	gelmesinler mi?	görmesinler mi?	almasınlar mı?	bulmasınlar mı?
!	demek → de, deyin/deyiniz; yemek → ye, yiyin/yiyiniz etmek → et, edin/ediniz; gitmek → git, gidin/gidiniz			

Die di-Vergangenheit (Das Präteritum)

Gebrauch

Durch die di-Vergangenheit wird eine Handlung als abgeschlossen und als Tatsache dargestellt.

Dün gazete okudum. (*Ich habe gestern Zeitung gelesen.*)

Endung

-di, -dü, -dı, -du bzw. -ti, -tü, -tı, -tu

Bildung

	Nach e oder i	Nach ö oder ü	Nach a oder ı	Nach o oder u
ben sen o biz siz onlar	geldim geldin geldi geldik geldiniz geldiler	gördüm gördün gördü gördük gördünüz gördüler	aldım aldın aldı aldık aldınız aldılar	buldum buldun buldu bulduk buldunuz buldular
Vern.	gelmedim	görmedim	almadım	bulmadım
Frage	geldim mi?	gördüm mü?	aldım mı?	buldum mu?
Vern. Frage	gelmedim mi?	görmedim mi?	almadım mı?	bulmadım mı?
Harte Kons.	unutmak → unuttum			

Die miş-Vergangenheit (Das Perfekt)

Gebrauch

Die miş-Vergangenheit wird verwendet, um vergangene Ereignisse und Handlungen zu beschreiben, bei denen man nicht Augenzeuge war. Durch den Gebrauch dieser Zeitform bringt man zum Ausdruck, dass man

1. eine Information aus zweiter Hand erhalten (z. B. gelesen oder gehört) hat:
   Dün otobanda kaza olmuş. (Gestern soll sich auf der Autobahn ein Unfall ereignet haben.)

2. den Wahrheitsgehalt einer Information bezweifelt:
   Erkan zengin olmuş. (Erkan soll reich geworden sein.)

3. im Nachhinein feststellt, dass etwas Bestimmtes passiert ist:
   Çok yağmur yağmış. (Es hat wohl stark geregnet.)

Endung

-miş, -müş, -mış, -muş

Bildung

	Nach e oder i	Nach ö oder ü	Nach a oder ı	Nach o oder u
ben	gelmişim	görmüşüm	almışım	bulmuşum
sen	gelmişsin	görmüşsün	almışsın	bulmuşsun
o	gelmiş	görmüş	almış	bulmuş
biz	gelmişiz	görmüşüz	almışız	bulmuşuz
siz	gelmişsiniz	görmüşsünüz	almışsınız	bulmuşsunuz
onlar	gelmişler	görmüşler	almışlar	bulmuşlar
Vern.	gelmemişim	görmemişim	almamışım	bulmamışım
Frage	gelmiş miyim? ... gelmişler mi?	görmüş müyüm? ... görmüşler mi?	almış mıyım? ... almışlar mı?	bulmuş muyum? ... bulmuşlar mı?
Vern. Frage	gelmemiş miyim? ... gelmemişler mi?	görmemiş miyim? ... görmemişler mi?	almamış mıyım? ... almamışlar mı?	bulmamış mıyım? ... bulmamışlar mı?

Die Vorvergangenheit (Das Plusquamperfekt)

Gebrauch

Die miş-Vergangenheit kann mit *-di* erweitert werden. So entsteht die Vorvergangenheit. Durch den Gebrauch dieser Zeitform drückt man Folgendes aus:

1. Vorzeitigkeit in Bezug auf ein späteres Ereignis:
   Benden yardım istedi; çünkü derste hiçbir şey anlamamıştı. (*Er bat mich um Hilfe, weil er im Unterricht gar nichts verstanden hatte.*)

2. Zeitliche Distanz:
   Sana anlatmıştım ya! (Ich hatte dir das ja erzählt.)

Endung

-mişti, -müştü, -mıştı, -muştu

Bildung

	Nach e oder i	Nach ö oder ü	Nach a oder ı	Nach o oder u
ben	gelmiştim	görmüştüm	almıştım	bulmuştum
sen	gelmiştin	görmüştün	almıştın	bulmuştun
o	gelmişti	görmüştü	almıştı	bulmuştu
biz	gelmiştik	görmüştük	almıştık	bulmuştuk
siz	gelmiştiniz	görmüştünüz	almıştınız	bulmuştunuz
onlar	gelmişlerdi	görmüşlerdi	almışlardı	bulmuşlardı
Vern.	gelmemiştim	görmemiştim	almamıştım	bulmamıştım
Frage	gelmiş miydim?	görmüş müydüm?	almış mıydım?	bulmuş muydum?
Vern. Frage	gelmemiş miydim? ... gelmemişler miydi?	görmemiş miydim? ... görmemişler miydi?	almamış mıydım? ... almamışlar mıydı?	bulmamış mıydım? ... bulmamışlar mıydı?

Die yor-Gegenwart (Das Präsens)

Gebrauch

Man verwendet die yor-Gegenwart, um auszudrücken, dass

1. etwas gerade geschieht (Bezug auf Gegenwärtiges):
   Müzik dinliyorum. (*Ich höre Musik.*)
2. etwas in der Vergangenheit begonnen hat und andauert:
   Frankfurt'ta okuyorum. (*Ich studiere in Frankfurt.*)
3. etwas geschehen wird, meist mit einer Zeitangabe (Bezug auf Zukünftiges):
   Yarın konsere gidiyoruz. (*Morgen gehen wir zum Konzert.*)
4. sich etwas wiederholt:
   Her gün otobüsle okula gidiyor. (*Jeden Tag fährt sie/er mit dem Bus zur Schule.*)

Endung

-iyor, -üyor, -ıyor, -uyor

Bildung

	Nach e oder i	Nach ö oder ü	Nach a oder ı	Nach o oder u
ben	geliyorum	görüyorum	alıyorum	buluyorum
sen	geliyorsun	görüyorsun	alıyorsun	buluyorsun
o	geliyor	görüyor	alıyor	buluyor
biz	geliyoruz	görüyoruz	alıyoruz	buluyoruz
siz	geliyorsunuz	görüyorsunuz	alıyorsunuz	buluyorsunuz
onlar	geliyorlar	görüyorlar	alıyorlar	buluyorlar
Vern.	gelmiyorum	görmüyorum	almıyorum	bulmuyorum
Frage	geliyor muyum? ... geliyorlar mı?	görüyor muyum? ... görüyorlar mı?	alıyor muyum? ... alıyorlar mı?	buluyor muyum? ... buluyorlar mı?
Vern. Frage	gelmiyor muyum? ... gelmiyorlar mı?	görmüyor muyum? ... görmüyorlar mı?	almıyor muyum? ... almıyorlar mı?	bulmuyor muyum? ... bulmuyorlar mı?
!	demek → diyorum, yemek → yiyorum, etmek → ediyorum, gitmek → gidiyorum			

Besonderheit

Endet der Stamm auf -i, -ü, -ı oder -u, wird -yor mit der Personalendung angehängt.

okumak → oku → okuyorum (*ich lese*)

Endet der Stamm auf -e oder -a, entfällt dieser letzte Vokal, und man orientiert sich an der ersten Silbe: söylemek → söyle → söylüyorum (*ich sage*)

Erweiterte Formen mit *-di* (Das Imperfekt)

Gebrauch

Mit der di-Vergangenheit der yor-Gegenwart drückt man ein Ereignis aus, das zu dem Zeitpunkt, über den man spricht, begonnen hat und als nicht abgeschlossen dargestellt werden soll. Im Deutschen verwendet man in diesem Zusammenhang oft *gerade.*
Evden çıkıyordum telefon çaldı. (*Gerade als ich das Haus verließ, klingelte das Telefon.*)

Endung

-iyordu, -üyordu, -ıyordu, -uyordu bzw. -yordu

Bildung

	Nach e oder i	Nach ö oder ü	Nach a oder ı	Nach o oder u
ben sen o biz siz onlar	geliyordum geliyordun geliyordu geliyorduk geliyordunuz geliyorlardı	görüyordum görüyordun görüyordu görüyorduk görüyordunuz görüyorlardı	alıyordum alıyordun alıyordu alıyorduk alıyordunuz alıyorlardı	buluyordum buluyordun buluyordu buluyorduk buluyordunuz buluyorlardı
Vern.	gelmiyordum	görmüyordum	almıyordum	bulmuyordum
Frage	geliyor muydum? ... geliyorlar mıydı?	görüyor muydum? ... görüyorlar mıydı?	alıyor muydum? ... alıyorlar mıydı?	buluyor muydum? ... buluyorlar mıydı?
Vern. Frage	gelmiyor muydum? ... gelmiyorlar mıydı?	görmüyor muydum? ... görmüyorlar mıydı?	almıyor muydum? ... almıyorlar mıydı?	bulmuyor muydum? ... bulmuyorlar mıydı?
Vokal.	z. B. okumak → okuyordum			
!	demek → diyordum, yemek → yiyordum, etmek → ediyordum, gitmek → gidiyordum			

Die Zeitform auf *-r* (Der Aorist)

Gebrauch

Man verwendet die Zeitform auf *-r*, um

1. allgemein gültige Aussagen zu treffen:
   İki kere iki dört eder. (*Zwei mal zwei macht vier.*)
2. höfliche Fragen bzw. Bitten zu formulieren:
   Gelir misin? (*Würdest du bitte kommen?*)
3. das mögliche Eintreten einer Handlung auszudrücken:
   Şimdi gelir. (*Er kommt* [*sicherlich*] *gleich.*)
4. gewohnheitsmäßige Handlungen und Vorgänge zu beschreiben:
   Her gün bana telefon eder. (*Er ruft mich jeden Tag an.*)
5. Hoffnungen auszudrücken; oft mit den Signalwörtern *umarım* (*ich hoffe*), *mutlaka* (*auf jeden Fall*), *herhalde* (*wahrscheinlich*), *inşallah* (*hoffentlich*), *belki* (*vielleicht*).

Endung

-er, -ar bzw. -ir, -ür, -ır, -ur

Bildung

Da die Bildung der Zeitform auf *-r* nicht ganz regelmäßig ist, sollte man die Formen gängiger Tätigkeitswörter auswendig lernen.

	Nach e oder i	Nach ö oder ü	Nach a oder ı	Nach o oder u
ben	gelirim	görürüm	alırım	bulurum
sen	gelirsin	görürsün	alırsın	bulursun
o	gelir	görür	alır	bulur
biz	geliriz	görürüz	alırız	buluruz
siz	gelirsiniz	görürsünüz	alırsınız	bulursunuz
onlar	gelirler	görürler	alırlar	bulurlar
Vern.	gelmem	görmem	almam	bulmam
	gelmezsin	görmezsin	almazsın	bulmazsın
	gelmez	görmez	almaz	bulmaz
	gelmeyiz	görmeyiz	almayız	bulmayız
	gelmezsiniz	görmezsiniz	almazsınız	bulmazsınız
	gelmezler	görmezler	almazlar	bulmazlar
Frage	gelir miyim?	görür müyüm?	alır mıyım?	bulur muyum?
	...	...	...	...
	gelirler mi?	görürler mi?	alırlar mı?	bulurlar mı?
Vern. Frage	gelmez miyim?	görmez miyim?	almaz mıyım?	bulmaz mıyım?
	...	...	...	...
	gelmezler mi?	görmezler mi?	almazlar mı?	bulmazlar mı?
!	etmek → ederim, gitmek → giderim			

Die Zeitform auf *-r* in der Vergangenheit

Gebrauch

Die Zeitform auf *-r* kann mit der di-Vergangenheit erweitert werden. Auf diese Weise kann man Aussagen, die man mit Hilfe der Zeitform auf *-r* formulieren kann, in die Vergangenheit übertragen.

Arkadaşım İnci her gün bize gelirdi. (*Meine Freundin İnci pflegte jeden Tag zu uns zu kommen.*)

Endung

Nach Konsonanten: -erdi, -ardı bzw. -irdi, -ürdü, -ırdı, -urdu

Nach Vokalen: -rdi, -rdü, -rdı, -rdu

Bildung

	Nach e oder i	Nach ö oder ü	Nach a oder ı	Nach o oder u
ben sen o biz siz onlar	gelirdim gelirdin gelirdi gelirdik gelirdiniz gelirlerdi/gelirdiler	görürdüm görürdün görürdü görürdük görürdünüz görürlerdi/görürdüler	alırdım alırdın alırdı alırdık alırdınız alırlardı/alırdılar	bulurdum bulurdun bulurdu bulurduk bulurdunuz bulurlardı/bulurdular
Vern.	gelmezdim gelmezdin gelmezdi gelmezdik gelmezdiniz gelmezlerdi/ gelmezdiler	görmezdim görmezdin görmezdi görmezdik görmezdiniz görmezlerdi/ görmezdiler	almazdım almazdın almazdı almazdık almazdınız almazlardı/ almazdılar	bulmazdım bulmazdın bulmazdı bulmazdık bulmazdınız bulmazlardı/ bulmazdılar
Frage	gelir miydim? ... gelirler miydi?	görür müydüm? ... görürler miydi	alır mıydım? ... alırlar mıydı?	bulur muydum? ... bulurlar mıydı?
Vern. Frage	gelmez miydim? ... gelmezler miydi?	görmez miydim? ... görmezler miydi?	almaz mıydım? ... almazlar mıydı?	bulmaz mıydım? ... bulmazlar mıydı?
!	etmek → ederdim; gitmek → giderdim			

Die Zukunft (Das Futur)

Gebrauch

Die Zukunft wird verwendet, um

1. zukünftige Handlungen auszudrücken. Dabei geht man davon aus, dass eine Handlung tatsächlich stattfinden wird:
   Bir bisiklet alacağım. (*Ich werde ein Fahrrad kaufen.*)
2. Vermutungen auszudrücken, die sich auf die Zukunft beziehen:
   Galiba bugün kazanacağız. (*Vermutlich werden wir heute gewinnen.*)
3. Handlungen mit ungenauen Zeitangaben auszudrücken.
   Bir gün anlayacaksın. (Eines Tages wirst du es verstehen.)

Endung

-ecek, -acak

Bildung

	Nach e, i, ö oder ü	Nach a, ı, o oder u
ben sen o biz siz onlar	göreceğim göreceksin görecek göreceğiz göreceksiniz görecekler	bulacağım bulacaksın bulacak bulacağız bulacaksınız bulacaklar
Vern.	görmeyeceğim	bulmayacağım
Frage	görecek miyim? ... görecekler mi?	bulacak mıyım? ... bulacaklar mı?
Vern. Frage	görmeyecek miyim? ... görmeyecekler mi?	bulmayacak mıyım? ... bulmayacaklar mı?
Vokal.	z. B. okumak → okuyacağım	
!	demek → diyeceğim; yemek → yiyeceğim etmek → edeceğim; gitmek → gideceğim	

Besonderheiten bei der Aussprache

Schriftsprache → Alltagssprache
yapacağım → *yapıcam*
almayacağım → *almıcam*

Die erweiterte Form der Zukunft mit *-di*

Gebrauch

Mit der di-Vergangenheit der Zukunftsform bringt man ein Ereignis zum Ausdruck, das in der Regel nicht eingetreten ist. Im Deutschen kann man es mit *hätte/wollte/sollte/müsste* wiedergeben.

Spor yapacaktım; ama olmadı. (*Ich wollte Sport machen, aber es hat nicht geklappt.*)

Endung

-ecekti, -acaktı

Bildung

	Nach e, i, ö oder ü	Nach a, ı, o oder u
ben	görecektim	bulacaktım
sen	görecektin	bulacaktın
o	görecekti	bulacaktı
biz	görecektik	bulacaktık
siz	görecektiniz	bulacaktınız
onlar	görecaklerdi	bulacaklardı
Vern.	görmeyecektim	bulmayacaktım
Frage	görecek miydim? ... görecekler miydi?/ görecek miydiler?	bulacak mıydım? ... bulacaklar mıydı?/ bulacak mıydılar?
Vern. Frage	görmeyecek miydim? ... görmeyecekler miydi?/ görmeyecek miydiler?	bulmayacak mıydım? ... bulmayacaklar mıydı?/ bulmayacak mıydılar?
Vokal.	z. B. okumak → oku·y·acaktım	
!	demek → diyecektim; yemek → yiyecektim etmek → edecektim; gitmek → gidecektim	

Mit *-miş* erweiterte Formen

Folgende Grundzeiten können mit der vierförmigen miş-Endung erweitert werden. Damit bringt man im Hinblick auf diese Zeitform zum Ausdruck, dass man eine Information aus zweiter Hand erhalten (z. B. gelesen oder gehört) hat bzw. den Wahrheitsgehalt einer Information bezweifelt.

Folgende Zeitformen werden sehr oft mit *-miş* erweitert:

yor-Gegenwart

Her gün otobüsle okula gidiyormuş. (Angeblich fährt er jeden Tag mit dem Bus zur Schule.)

Zeitform auf *-r*

Her gün telefon edermiş. (*Angeblich ruft er jeden Tag an.*)

Zukunft

Bir bisiklet alacakmış. (*Angeblich wird er ein Fahrrad kaufen.*)

Mit *-se/-sa* erweiterte Zeitformen (Die Bedingung)

Alle Zeitformen, die mit *-di* oder mit *-miş* erweitert werden, können theoretisch in eine Bedingung umgewandelt werden. Die Bedingungsform tritt unmittelbar an Zeitformen an. Folgende Formen sind sehr gebräuchlich:

yor-Gegenwart

Bedingung	Folgesatz: Zeitform auf -*r*/Imperativ
Oya gel·iyor·sa *Wenn Oya kommt,*	bize bildirir/bildirsin. *wird/soll sie uns benachrichtigen.*

Zeitform auf *-r*

Bedingung	Folgesatz: Zeitform auf -*r*/Imperativ
Oya gel·ir·se *Wenn Oya kommt,*	bize bildirir/bildirsin. *wird/soll sie uns benachrichtigen.*

Zukunft

Bedingung	Folgesatz: Zeitform auf -*r*/Imperativ
Oya gel·ecek·se *Wenn Oya die Absicht hat zu kommen,*	bize bildirir/bildirsin. *wird/soll sie uns benachrichtigen.*

miş-Vergangenheit

Bedingung	Folgesatz: Zeitform auf -*r*/Imperativ
Oya gel·miş·se *Wenn Oya gekommen ist,*	bize bildirir/bildirsin. *wird/soll sie uns benachrichtigen.*

di-Vergangenheit

Bedingung	Folgesatz: Zeitform auf -*r*/Imperativ
Oya gel·di·y·se *Wenn Oya gekommen ist,*	bize bildirir/bildirsin. *wird/soll sie uns benachrichtigen.*

Reihenfolge der Endungen

Stamm + Leideform + Zeitform + Bedingung + Person → siehe dazu: Leideform

Stamm + Veranlassung + Zeitform + Bedingung + Person → siehe dazu: Veranlassung

Stamm + Möglichkeit + Zeitform + Bedingung + Person → siehe dazu: Möglichkeitsform

Die Endungen *-se/-sa* (Der Potentialis)

Mit den Endungen *-se* bzw. *-sa* drückt man Sachverhalte aus, die nur angenommen sind oder möglicherweise realisierbar sind. Sie enthalten keine Zeitstufe.

Endung

-se, -sa

Bildung

Stamm + -se/-sa + Person
Im Nachsatz folgt auf diese Form oft die Zeitform auf *-r* oder die Zeitform auf *-r* in der di-Vergangenheit.
Can gelse hemen yola çıkarız. (*Wenn Can käme, würden wir uns sofort auf den Weg machen.*)

haben/besitzen
Die Wörter *haben* und *besitzen* werden mit *olmak* gebildet:
Param olsa senden istemem. (*Wenn ich Geld hätte, würde ich dich nicht darum bitten.*)

	Nach e, i, ö oder ü	Nach a, ı, o oder u
ben	görsem	bulsam
sen	görsen	bulsan
o	görse	bulsa
biz	görsek	bulsak
siz	görseniz	bulsanız
onlar	görseler	bulsalar
Verneinung	görmesem	bulmasam

Reihenfolge der Endungen

Stamm + -se + Person → oku·sa·n (*wenn du lesen würdest*)
Stamm + Leideform + -se + Person → siehe dazu: Leideform
Stamm + rückbez. Endungen + -se + Person → siehe dazu: rückbez. Endungen
Stamm + wechsels. Bez. + -se + Person → siehe dazu: wechsels. Bez.
Stamm + Veranlassung + -se + Person → siehe dazu: Veranlassungsform
Stamm + Möglichkeit + -se + Person → siehe dazu: Möglichkeitsform

Die Endungen *-seydi/-saydı* (Der Irrealis)

Mit den Endungen *-seydi* bzw. *-saydı* drückt man Sachverhalte oder Wünsche aus, die nicht bzw. nicht mehr realisiert werden können. Diese Endungen enthalten keine Zeitstufe.
Yardım etseydi işimizi bitirirdik. (*Wenn er geholfen hätte, hätten wir unsere Arbeit abgeschlossen.*)

Endung

-seydi, -saydı

Bildung

	Nach e, i, ö oder ü	Nach a, ı, o oder u
ben	görseydim	bulsaydım
sen	görseydin	bulsaydın
o	görseydi	bulsaydı
biz	görseydik	bulsaydık
siz	görseydiniz	bulsaydınız
onlar	görseydiler/görselerdi	bulsaydılar/bulsalardı
Verneinung	görmeseydim	bulmasaydım

Im Folgesatz steht gewöhnlich die Zeitform auf *-r* in der Vergangenheit.
Cem gelseydi konsere giderdik. (*Wenn Cem gekommen wäre, wären wir ins Konzert gegangen.*)

Reihenfolge der Endungen

Stamm + Leideform + -seydi + Person → siehe dazu: Leideform
Stamm + rückbez. Endungen + -seydi + Person → siehe dazu: rückbezügliche Tätigkeitswörter
Stamm + wechsels. Bez. + -seydi + Person → siehe dazu: wechsels. Bez.
Stamm + Veranlassung + -seydi + Person → siehe dazu: Veranlassungsform
Stamm + Möglichkeit + -seydi + Person → siehe dazu: Möglichkeitsform

Die Wunschform (Der Voluntativ)

Gebrauch

Die Wunschform wird verwendet, um

1. eine spontane Entscheidung auszudrücken, etwas zu tun (in der 1. Person Einzahl):
   Bakayım. (*Ich schaue mal.*)
2. eine Aufforderung auszudrücken, gemeinsam etwas zu tun oder zu unterlassen (in der 1. Person Mehrzahl):
   Konuşalım! (*Lasst uns sprechen!*)
3. *sollen* auszudrücken (bei der Frage):
   Gideyim mi? (*Soll ich gehen?*)

Endungen

-eyim, -ayım bzw. -elim, -alım

Bildung

	Nach e, i, ö oder ü	Nach a, ı, o oder u
ben	göreyim	bulayım
sen	–	–
o	–	–
biz	görelim	bulalım
siz	–	–
onlar	–	–
Vokal.	z. B. okumak → oku·y·ayım	
!	demek → diyeyim; yemek → yiyeyim etmek → edeyim; gitmek → gideyim	

Besonderheiten bei der Aussprache

Die Endungen der 1. Person Singular verschmelzen oft zu einem langgezogenen -im:

Schriftsprache	→	Aussprache
yapayım	→	*yapim*
göreyim	→	*görim*
almayayım	→	*almiyim*
gelmeyeyim mi?	→	*gelmiyim mi?*

Die Verlaufsform (Der Kontinuativ)

Gebrauch

Mit der Verlaufsform -mekte/-makta beschreibt man ein Ereignis, das zu der Zeit, die im Fokus ist, bereits im Gang war. Sie wird vor allem in Sachtexten und der Amtssprache verwendet. In der Umgangssprache kommt sie selten vor.

Kitap altı bölümden oluşmaktadır. (*Das Buch besteht aus sechs Kapiteln.*)

Endung

-mekte, -makta

Bildung

	Nach e, i, ö oder ü	Nach a, ı, o oder u
ben	görmekteyim	bulmaktayım
sen	görmektesin	bulmaktasın
o	görmektedir	bulmaktadır
biz	görmekteyiz	bulmaktayız
siz	görmektesiniz	bulmaktasınız
onlar	görmektedirler	bulmaktadırlar
Verneinung	görmemekteyim	bulmamaktayım
Frage	görmekte miyim? ... görmekteler mi?	bulmakta mıyım? ... bulmaktalar mı?
Verneinte Frage	görmemekte miyim? ... görmemekteler mi?	bulmamakta mıyım? ... bulmamaktalar mı?

Besonderheit

In der 3. Person wird sehr oft *-dir* bzw. *-dirler* angefügt.

Reihenfolge der Endungen

Stamm + Verlaufsform + Person + -dirler → konuş·makta·dırlar
Uzmanlar konuşmaktadırlar. (*Die Experten unterhalten sich gerade.*)

Stamm + Leideform + Verlaufsform + Person + -dir → siehe dazu: Leideform

Stamm + wechsels. Bez. + Verlaufsform + Person + -dirler
→ siehe dazu: wechselseitige Beziehungen

Stamm + Veranlas. + Verlaufsform + Person + -dir → siehe dazu: Veranlassung

Die Handlungsformen der Tätigkeitswörter (Der Modus)

1. Die Leideform (Das Passiv)

Gebrauch

Um auszudrücken, dass etwas getan wurde, verwendet man die Leideform. Diese Form wird im Deutschen auch oft mit *man* wiedergegeben.

Endungen

Die Leideform kann im Türkischen durch drei nicht austauschbare Endungen gebildet werden. Dies hängt vom letzten Buchstaben des Stammes ab.

Stamm auf Konsonanten (außer-l-): -il, -ül, -ıl, -ul
Stamm + -il + Zeitform + Person
Sevildim. (*Ich wurde geliebt.*)

Stamm auf -l-: -in, -ün, -ın, -un
Stamm + -in + Zeitform + Person
İki makina satın alındı. (*Zwei Maschinen wurden gekauft.*)

Stamm auf Vokal: -n
Stamm + -n + Zeitform + Person
Radyoda bir bildiri okundu. (*Im Radio wurde eine Mitteilung vorgelesen.*)

Um auszudrücken, von wem etwas gemacht wird/wurde, verwendet man das Wort *tarafından* (*von, seitens, durch*). Es wird nachgestellt. Die Leideform mit *tarafından* wird eher in der Schriftsprache verwendet.
Personele uzmanlar tarafindan eğitim verildi. (*Das Personal wurde von Experten ausgebildet.*)

Reihenfolge der Endungen

Stamm + Leideform + alle Zeitformen + Person → yap·ıl·ıyor
Buraya stadyum yapılıyor. (*Hier wird ein Stadion gebaut.*)

Stamm + Leideform + Zeitform + Bedingung + Person → yap·ıl·ır·sa
Yapılırsa sevinirim. (*Wenn es gebaut wird, freue ich mich.*)

Stamm + Leideform + -se + Person → aç·ıl·sa
Buraya bir dükkan açılsa iyi olur. (*Es wäre gut, wenn hier ein Geschäft eröffnet würde.*)

Stamm + Leideform + Verlaufsform + Person + -dir → yap·ıl·makta·dır
Görüşme yapılmaktadır. (*Das Meeting findet gerade statt.*)

Stamm + Leideform + -seydi + Person → sat·ıl·saydı
Bisiklet satılsaydı sevinirdim. (*Wenn das Fahrrad verkauft worden wäre, hätte ich mich gefreut.*)

2. Die rückbezüglichen Tätigkeitswörter (Die reflexiven Verben)

Gebrauch

Mit rückbezüglichen Tätigkeitswörtern drückt man Tätigkeiten aus, die man auf sich selbst bezieht bzw. an sich selbst vornimmt. Diese Tätigkeitswörter bildet man im Türkischen durch Endungen.

Endung

Bei vokalisch auslautenden Stämmen: -n
Bei konsonantisch auslautenden Stämmen: -in, -ün, -ın, -un

Bildung

Stamm + rückbezügl. Endung + Zeitform + Person
giy·in·di·m (*ich habe mich angezogen*)
yıka·n·ıyor·um (*ich wasche mich*)

Besonderheit

Bei Tätigkeitswörtern, deren Stamm auf einen Vokal oder auf *l* enden, kann man nur durch den Zusammenhang erschließen, ob es sich um die Leideform oder um eine rückbezügliche Endung handelt.

Reihenfolge der Endungen

Stamm + rückbez. + alle Zeitformen (mit Erweiterungen) + Person → yıka·n·acak·tı·m (*ich wollte mich waschen*)

Stamm + rückbez. + -se + Person → hazırla·n·san (*wenn du dich vorbereiten würdest*)

Stamm + rückbez. + -seydi + Person → hazırla·n·saydı·n (*wenn du dich vorbereitet hättest*)

3. Wechselseitige Beziehungen (Reziproke Verben)

Gebrauch

Wechselseitige Beziehungen werden im Türkischen ebenfalls durch Endungen ausgedrückt.

Endung

Bei vokalisch auslautenden Stämmen: -ş
Bei konsonantisch auslautenden Stämmen: -iş, -üş, -ış-, -uş

Bildung

Stamm + wechsels. Bez. + Zeitformen + Person

Reihenfolge der Endungen

Stamm + wechsels. Bez. + alle Zeitformen (mit Erweiterungen) + Person
→ bul·uş·acak·mış·ız (*angeblich werden wir uns treffen*)

Stamm + wechsels. Bez. + Zeitform + Bedingung + Person → öp·üş·ür·se·k (*wenn wir uns küssen*)

Stamm + wechsels. Bez. + -se + Person → öp·üş·se·k (*wenn wir uns küssen* würden)

Stamm + wechsels. Bez. + Verlaufsform + Person + -dirler → gör·üş·mekte·dirler
İş adamları görüşmektedirler. (*Die Unternehmer befinden sich gerade in einer Besprechung.*)

Stamm + wechsels. Bez. + -seydi + Person → tart·ış·saydı·k (*wenn wir diskutiert hätten*)

4. Die Veranlassungsform (Der Kausativ)

Gebrauch

Um auszudrücken, dass eine Handlung veranlasst wird, erweitert man den Stamm mit einer Endung. Oft entsteht bei der Übersetzung ins Deutsche ein neues Tätigkeitswort. Daher ist es ratsam, Tätigkeitswörter mit Veranlassungsform in Wörterbüchern nachzuschlagen.

Endung

Nach Konsonant (außer *-l* und *-r*): -dir, -dür, -dır, -dur bzw. -tir, -tür, -tır, -tur
Nach Vokal, einem *-l* oder *-r* im Auslaut: -t

Ausnahmen

içirmek (*trinken lassen*), *bitirmek* (*beenden*), *pişirmek* (*kochen*), *çıkarmak* (*herausziehen*), *öğretmek* (*lehren, unterrichten*)

Bildung

Stamm + Veranlassung + Zeit + Person → yaz·dır·dım (*ich habe schreiben lassen*)

Besonderheit

Die Person, die zu einer Handlung veranlasst wird, steht im Wem-Fall.
İşi arkadaşına yaptırdı. (Er hat seinen Freund die Arbeit machen lassen.)

Reihenfolge der Endungen

Stamm + Veranlassung + Leideform + Zeit (alle Grundformen mit Erweiterungen) + Person → yap·tır·ıl·dı (*man hat es machen lassen*)

Stamm + wechsels. Bez. + Veranlassung + Leideform + Zeit + Person → gör·üş·tür·ül·dü·k (*wir wurden veranlasst, uns zu treffen/sprechen*)

Stamm + wechsels. Bez. + Veranlassung + Zeit + Person → bul·uş·tur·du·m (*ich habe veranlasst, dass ... sich treffen*)

Stamm + Veranlassung + Verlaufsform + Person + -dir → yaz·dır·makta·dır
Müdür, raporu yazdırmaktadır. (*Der Direktor lässt gerade den Bericht schreiben.*)

Stamm + Veranlassung + Zeit + Bedingung + Person → aç·tır·ır·sa
Kapıyı açtırırsa içeri gireriz. (*Wenn er die Tür öffnen lässt, gehen wir hinein.*)

Stamm + Veranlassung + -se + Person → boşal·t·sa·n
Dolabı boşaltsan içini temizleriz. (*Wenn du den Schrank ausräumen würdest, würden wir ihn sauber machen.*)

Stamm + Veranlassung + -seydi + Person → et·tir·seydi
Otobüsü tamir ettirseydi yolda kalmazdık. (*Hätte er den Bus reparieren lassen, wären wir nicht liegen geblieben.*)

Die Möglichkeitsform (*können*)

Gebrauch

Das Tätigkeitswort *können* (Möglichkeit, Erlaubnis oder Fähigkeit) existiert im Türkischen nicht, auch dafür gibt es eine Endung. Mit der Verneinung drückt man aus, dass man etwas nicht tun kann oder darf:
unutabilmek (*vergessen können*)
unutamamak (*nicht vergessen können*).

Endung

-ebil, -abil bzw. -yebil, -yabil
Verneinung: -eme, -ama bzw. -yeme, -yama

Bildung

Stamm + -ebil/-abil + Zeit (häufig Zeitform auf *-r*) + Person
Verneinung: Stamm + -eme/-ama + Zeit (häufig Zeitform auf *-r*) + Person

!	demek → diyebilmek; yemek → yiyebilmek etmek → edebilmek; gitmek → gidebilmek

Reihenfolge der Endungen

Stamm + Veranlassung + Leideform + Möglichkeit + Zeit + Person → yap·tır·ıl·abil·di (*man konnte es machen lassen*)

Stamm + wechsels. Bez. + Veranlassungsform + Leideform + Möglichkeit + Zeit + Person → gör·üş·tür·ül·ebil·di·k (*wir konnten veranlasst werden, uns zu treffen*)

Stamm + rückbez. + Möglichkeit + alle Zeitformen (mit Erweiterung) + Person → yıka·n·abil·miş·ti·m (*ich hatte mich waschen können*)

Stamm + rückbez. + Möglichkeit + alle Zeitformen (mit Erweiterung) + -y + Bedingung + Person → yıka·n·abil·di·y·se (*wenn er sich hat waschen* können)

Stamm + rückbez. + Möglichkeit + -seydi + Person → yıka·n·abil·seydi·m (*wenn ich mich hätte waschen können*)

Stamm + Möglichkeit + -se + Person → bul·abil·se·m
Anahtarı bulabilsem kapıyı açarım. (*Wenn ich den Schlüssel fände, würde ich die Tür öffnen.*)

Stamm + Möglichkeit + -seydi + Person → gir·ebil·seydi·k
İçeri girebilseydik onu görürdük. (*Wenn wir hätten hineingehen können, hätten wir ihn gesehen.*)

Die Notwendigkeitsform (*müssen/sollen*)

Gebrauch

Die Notwendigkeitsform wird verwendet, um

1. eine Notwendigkeit (*müssen*) oder Verpflichtung (*sollen*) in der Gegenwart auszudrücken. Sie wird oft verwendet, um einen nachhaltigen Rat oder eine Verhaltensregel zu formulieren:
   Hemen doktora gitmelisin. (*Du musst sofort zum Arzt gehen.*)
2. auszudrücken, dass jemand etwas nicht tun darf oder soll. Dazu wird die verneinte Form (*-memeli* bzw. *-mamalı*) gebraucht:
   Bunu yapmamalı. (*Er/sie/es darf/soll das nicht tun.*)

Endung

-meli, -malı

Bildung

	Nach e, i, ö oder ü	Nach a, ı, o oder u
ben sen o biz siz onlar	görmeliyim görmelisin görmeli görmeliyiz görmelisiniz görmeliler	bulmalıyım bulmalısın bulmalı bulmalıyız bulmalısınız bulmalılar
Vern.	görmemeliyim	bulmamalıyım
Frage	görmeli miyim? ... görmeliler mi?	bulmalı mıyım? ... bulmalılar mı?
Vern. Frage	görmemeli miyim? ... görmemeliler mi?	bulmamalı mıyım? ... bulmamalılar mı?

Reihenfolge der Endungen

Stamm + Notwendig. + -y + Vergangenheit + Person → oku·malı·y·dı
Bunu okumalıydı. (*Er hätte dies lesen sollen.*)

Stamm + rückbez. + Notwendig. + Person → giy·in·meli·sin (*du musst dich anziehen*)

Stamm + Leideform + Notwendig. + -y + Vergangenheit + Person → ed·il·meli·y·di
Tamir edilmeliydi. (*Es hätte repariert werden müssen.*)

Stamm + Veranlassung + Notwendig. + -y + Person → aç·tır·malı·y·ız (*wir müssen es öffnen lassen*)

Das Mittelwort auf *-en* (en-Partizip)

Gebrauch

Man verwendet das Mittelwort auf *-en*, um einen Teil deutscher Relativsätze wiederzugeben. Mit dem Mittelwort drückt man ein Ereignis aus, das zur Sprechzeit bereits abgeschlossen, immer noch aktuell, im Verlauf ist oder eintreten kann. D. h. die zeitliche Einordnung geht entweder aus dem Zusammenhang hervor, oder die Umstandswörter liefern Anhaltspunkte.

Dün bize gelen adam benim amcam. (*Der Mann, der gestern zu uns kam, ist mein Onkel.*)
Gitar çalan çocuk benim kardeşim. (*Das Kind, das Gitarre spielt, ist mein Bruder.*)

Endung

Nach Konsonant: -en, -an
Nach Vokal: -yen, -yan

Bildung

Stamm + -en/-an

Als Eigenschaftswort gebraucht, steht das Mittelwort auf *-en* unverändert vor dem Gegenstandswort.
gülen kız (*das lachende Mädchen*)

Reihenfolge der Endungen

Stamm + Veranlassung + -en → ev yap·tır·an adam (*der Mann, der ein Haus bauen lässt*)

Stamm + Leideform + -en → yap·ıl·an ev (*das Haus, das gebaut wird*)

Stamm + Veranlassung + Leideform + -en → yap·tır·ıl·an ev (*das Haus, das man bauen lässt/hat bauen lassen*)

Das Mittelwort auf *-en* als Gegenstandswort

Gebrauch

Das Mittelwort auf *-en* kann auch als Gegenstandswort gebraucht werden. In diesem Fall kann es verschiedene Endungen annehmen.
Gelenler bizim arkadaşlarımız. (*Diejenigen, die kommen, sind meine Freunde.*)

Besonderheit

Das Mittelwort kann durch ein Subjekt erweitert werden, das mit der besitzanzeigenden Endung der 3. Person versehen ist. Diese Relativsätze übersetzt man mit *dessen* bzw. *deren.*

Babası hastalanan çocuk benim arkadaşım. (*Das Kind, dessen Vater krank geworden ist, ist mein Freund.*)

Reihenfolge der Endungen

Stamm + -en + Mehrzahl → gel·en·ler
Geç gelenler beklesin. (*Diejenigen, die zu spät kommen, sollen warten.*)

Stamm + -en + Mehrzahl + alle Fälle → çık·an·lar·ı
Salondan çıkanları tanıyorum. (*Ich kenne diejenigen, die den Saal verlassen.*)

Stamm + -en + alle Fälle → gel·en·i
Geleni görüyor musun? (*Siehst du den, der kommt?*)

Stamm + -en + besitzanz. Endung → Sor·an·ım
Soranım yok. (*Es gibt niemanden, der nach mir fragt.*)

Stamm + Leideform + -en + Mehrzahl + Fall → yaz·ıl·an·lar·ı
Yazılanları okudum. (*Das Geschriebene habe ich gelesen.*)

Stamm + Veranlassung + Leideform + -en + Mehrzahl → gül·dür·ül·en·ler
Güldürülenler çok mutlu. (*Diejenigen, die zum Lachen gebracht wurden, sind sehr glücklich.*)

Stamm + Möglichkeit + -en + Mehrzahl → koş·abil·en·ler
Koşabilenler koşsun. (*Diejenigen, die laufen können, sollen laufen.*)

Stamm + Veranlassung + Möglichkeit + -en → konuş·tur·abil·en
gitarı konuşturabilen müzisyen (*der Musiker, der die Gitarre zum Sprechen bringt*)

Das Mittelwort auf *-diği* (Das diği-Partizip)

Gebrauch

Man verwendet das Mittelwort auf *-diği*, um eine ganze Reihe von deutschen Nebensätzen wiederzugeben. Das Mittelwort kann sich auf die Vergangenheit oder auf die Gegenwart beziehen und zeigt immer die Person an.
Okuduğun gazeteyi bana verir misin? (*Gibst du mir die Zeitung, du du liest/gelesen hast?*)

Endung

-diği, -düğü, -dığı, -duğu bzw. -tiği, -tüğü, -tığı, -tuğu

Bildung

	Nach e oder i	Nach ö oder ü	Nach a oder ı	Nach o oder u
benim senin onun bizim sizin onların	geldiğim geldiğin geldiği geldiğimiz geldiğiniz geldikleri	gördüğüm gördüğün gördüğü gördüğümüz gördüğünüz gördükleri	aldığım aldığın aldığı aldığımız aldığınız aldıkları	bulduğum bulduğun bulduğu bulduğumuz bulduğunuz buldukları
Vern.	gelmediğim	görmediğim	almadığım	bulmadığım
Hart. Kons.	unutmak → unuttuğum			

Besonderheit

Das Subjekt des Nebensatzes kann mit dem des Hauptsatzes übereinstimmen: *Okuduğun kitabı bana verir misin?* (*Gibst du mir das Buch, das du gelesen hast/liest?*)

Es muss aber nicht übereinstimmen: *Bana verdiğin kitabı okudum.* (*Ich habe das Buch, das du mir gegeben hast, gelesen.*)

Reihenfolge der Endungen

Stamm + -diği + besitzanz. End. | Trägerwort + Mehrzahl → oku·duğu·m kitap·lar (*Bücher, die ich lese/gelesen habe*)

Stamm + -diği + besitzanz. End. | Trägerwort + Mehrzahl + alle Fälle → oku·duğu·m kitap·lar·da (*in den Büchern, die ich lese/gelesen habe*)

Stamm + Veranlassung + -diği + besitzanz. End. | Trägerwort → yap·tır·dığı·mız okul (*die Schule, die wir bauen lassen/haben bauen lassen*)

Stamm + Möglichkeit + -diği + besitzanz. End. | Trägerwort → gid·ebil·diği·miz müze (*das Museum, das wir haben besuchen können*)

Das Mittelwort auf *-diği* als Gegenstandswort

Gebrauch

Das Mittelwort auf *-diği* kann auch als Gegenstandswort gebraucht werden. In diesem Fall kann es verschiedene Endungen annehmen.
Aldıklarını gösterir misin? (Zeigst du bitte, was du alles gekauft hast?)

Besonderheit

Zur Betonung können die besitzanzeigenden Fürwörter verwendet werden.
Benim gördüklerim çok güzeldi. (Die, die ich gesehen habe, waren sehr schön.)

Reihenfolge der Endungen

Stamm + -diği + besitzanz. End. → çağır·dığı·m
Çağırdığım gelsin. (Derjenige, den ich aufrufe, soll kommen.)

Stamm + -diği + besitzanz. End. + Fall → yap·tığı·n·ı
Ne yaptığını biliyorum. (Ich weiß, was er/sie/es macht/gemacht hat.)

Stamm + -diği + Mehrzahl + besitzanz. End. → anlat·tık·lar·ın
Anlattıkların çok ilginç. (Das, was du erzählst/erzählt hast, ist sehr interessant.)

Stamm + -diği + Mehrzahl + besitzanz. End. + Fall → gör·dük·ler·im·i
Gördüklerimi anlatıyorum. (Ich erzähle, was ich sehe/gesehen habe.)

Stamm + -y + Möglichk. + -diği + Mehrz. + besitzanz. End. → oku·y·abil·dik·ler·im
Okuyabildiklerim bunlar. (Das sind die, die ich habe lesen können.)

Stamm + Veranlassung + -diği + Mehrz. + besitzanz. End. + Fall →
yaz·dır·dık·lar·ım·ı
Yazdırdıklarımı oku. (Lies alles, was ich habe schreiben lassen.)

Das Mittelwort auf *-eceği* (Das eceği-Partizip)

Gebrauch

Man verwendet das Mittelwort auf *-eceği/-acağı* um eine ganze Reihe von deutschen Nebensätzen wiederzugeben. Es bezieht sich auf die Zukunft und zeigt immer die Person an.
Gideceğimiz şehir çok güzel. (*Die Stadt, in die wir fahren werden, ist sehr schön.*)

Endung

-eceği, -acağı bzw. -yeceği, -yacağı

Bildung

Stamm + -eceği/-acağı + besitzanz. Endung

	Nach e, i, ö oder ü	Nach a, ı, o oder u
benim	göreceğim	bulacağım
senin	göreceğin	bulacağın
onun	göreceği	bulacağı
bizim	göreceğimiz	bulacağımız
sizin	göreceğiniz	bulacağınız
onların	görecekleri	bulacakları
Vern.	görmeyeceğim	bulmayacağım
Vokal.	okumak → oku·y·acağım	
!	demek → diyeceğim; yemek → yiyeceğim etmek → edeceğim; gitmek → gideceğim	

Besonderheit

Das Subjekt des Nebensatzes kann mit dem des Hauptsatzes übereinstimmen, muss aber nicht: *Gideceğin müzeye biz de gittik.* (*Wir sind auch in das Museum gegangen, in das du gehen wirst.*)

Reihenfolge der Endungen

Stamm + Möglichkeit + -eceği + besitzanz. End. → al·abil·eceği·miz
alabileceğimiz bisiklet (*das Fahrrad, das wir werden kaufen* können)

Stamm + Veranlassung + -eceği + besitzanz. End. → yap·tır·acağı·m
yaptıracağım dolap (*der Schrank, den ich werde machen lassen*)

Stamm + wechsels. Bez. + -eceği + besitzanz. End. → gör·üş·eceği·miz
görüşeceğimiz kişi (*die Person, die wir treffen/sprechen werden*)

Das Mittelwort auf *-eceği* als Gegenstandswort

Gebrauch

Das Mittelwort auf *-eceği* kann auch als Gegenstandswort gebraucht werden. In diesem Fall kann es verschiedene Endungen annehmen.
Bana vereceklerin nerede? (*Wo sind die Dinge, die du mir geben wirst?*)

Besonderheit

Zur Betonung können die besitzanzeigenden Fürwörter verwendet werden.
Benim alacağım daha ucuz. (*Das, was ich kaufen werde, ist günstiger.*)

Reihenfolge der Endungen

Stamm + -eceği + besitzanz. Endung → ver·eceği·m
Size vereceğim burada. (*Das, was ich euch geben werde, ist hier.*)

Stamm + -eceği + besitzanz. Endung + -n + Fall → yap·acağı·n·ı
Ne yapacağını biliyorum. (*Ich weiß, was er/sie/es machen wird.*)

Stamm + -eceği + Mehrz. + besitzanz. Endung → anlat·acak·lar·ım
Anlatacaklarım çok ilginç. (*Das, was ich erzählen werde, ist sehr interessant.*)

Stamm + -eceği + Mehrz. + besitzanz. Endung + Fall → yap·acak·lar·ım·ı
Yapacaklarımı anlatıyorum. (*Ich erzähle, was ich alles machen werde.*)

Stamm + Möglichkeit + -eceği + Mehrz. + besitzanz. Endung → al·abil·ecek·ler·im
Alabileceklerim bunlar. (*Das sind die, die ich werde kaufen können.*)

Stamm + Veranlassung + -eceği + Mehrz. + besitzanz. Endung → et·tir·ecek·ler·im
Tamir ettireceklerim burada. (*Alles, was ich werde reparieren lassen, ist hier.*)

Konstruktionen mit Tätigkeitswörtern (Verbaladverbien)

-diği/-eceği zaman, -diğinde und -ince

Gebrauch

Die Konstruktion *-diği/-eceği* mit *zaman* und die Endungen *-diğinde und -ince* definieren einen Zeitpunkt oder Zeitraum, in dem eine Handlung ausgeführt wird. Im Deutschen gibt man sie meist mit temporalen Nebensätzen wieder, die mit *als* oder *wenn* beginnen.

Okula geldiğim zaman yağmur yağmaya başladı.
(Als ich zur Schule kam, fing es an zu regnen.)

Okula geldiğimde yağmur yağmaya başladı.
(Als ich zur Schule kam, fing es an zu regnen.)

Ben okula gelince yağmur yağmaya başladı.
(Als ich zur Schule kam, fing es an zu regnen.)

Endungen

-diği zaman, -düğü zaman, -dığı zaman, -duğu zaman bzw. -eceği zaman, -acağı zaman

-diğinde, -düğünde, -dığında, -duğunda

-ince, -ünce, -ınca, -unca bzw. -yince, -yünce, -yınca, -yunca

Bildung

Stamm + -diği/-eceği + besitzanz. Endung | zaman

Stamm + -diği + besitzanz. Endung + wo?

Stamm + -ince

-dikten sonra

Gebrauch

Die Konstruktion *-dikten sonra* kann man im Deutschen mit einem Nebensatz wiedergeben, der mit *nachdem* beginnt.

Ödevimi yaptıktan sonra dışarıya çıktım. (*Nachdem ich meine Hausaufgabe gemacht hatte, ging ich nach draußen.*)

Endung

-dikten sonra, -dükten sonra, -dıktan sonra, -duktan sonra

Bildung

Stamm + -dikten | sonra

-diği/-eceği için und -diğinden/-eceğinden

Gebrauch

Die Konstruktion *-diği/-eceği için* und *-diğinden/-eceğinden* kann man im Deutschen mit einem Nebensatz wiedergeben, der mit *weil* eingeleitet wird.

Hasta olduğum için okula gidemedim.
(*Weil ich krank war, konnte ich nicht zur Schule gehen.*)

Hasta olduğumdan okula gidemedim.
(*Weil ich krank war, konnte ich nicht zur Schule gehen.*)

Endung

-diği için, -düğü için, -dığı için, -duğu için bzw. -eceği için, -acağı için

-diğinden, -düğünden, -dığından, -duğundan bzw. -eceğinden, -acağından

Bildung

Stamm + -diği/-eceği + besitzanz. Endung | için

Stamm + -diği/-eceği + besitzanz. Endung + woher?

-ir ... -mez

Gebrauch

Mit der bejahten Zeitform auf *-r* gefolgt von der verneinten Zeitform auf *-r* desselben Tätigkeitswortes in der 3. Person Einzahl drückt man einen Vorgang aus, auf den das Ereignis im Hauptsatz direkt folgt. Man übersetzt diese Form mit *sobald* oder *kaum dass*.

Tren gelir gelmez bineceğim. (*Sobald der Zug kommt, werde ich einsteigen.*)

Endungen

-er, -ar bzw. -ir, -ür, -ır, -ur sowie -mez, -maz

Bildung

Stamm + Zeitform auf *-r* | Stamm + -mez/-maz

Besonderheit

Die gebräuchliche Wendung *ister istemez* wird mit *wohl oder übel* übersetzt.

Reihenfolge der Endungen

Stamm + Leideform + -ir | Stamm + Leideform + -mez → yap·ıl·ır yap·ıl·maz (*sobald es gemacht wird/wurde*)

Stamm + Veranlassung + -ir | Stamm + Veranlassung + -mez → yap·tır·ır yap·tır·maz (*sobald er es machen lässt/ließ*)

Stamm + rückbez. End. + -ir | Stamm + rückbez. End. + -mez → yıka·n·ır yıka·n·maz (*sobald er sich wäscht/gewaschen hat*)

-eli

Gebrauch

-eli kann man im Deutschen mit einem Nebensatz wiedergeben, der mit *seit* beginnt.

Ablam tatilden döneli spor yapmadı. (*Seit meine Schwester aus dem Urlaub zurückgekehrt ist, hat sie keinen Sport gemacht.*)

Endung

Nach Konsonant: -eli, -alı
Nach Vokal: -yeli, -yalı

Bildung

Stamm + -eli/-alı

Reihenfolge der Endungen

Stamm + Veranlassung + -eli → et·tir·eli
Sipariş ettireli iki hafta oluyor. (*Es ist zwei Wochen her, seit die Bestellung veranlasst wurde.*)

Stamm + Leideform + -eli → aç·ıl·alı
Dükkan açılalı iki sene oluyor. (*Es ist zwei Jahre her, seit das Geschäft eröffnet wurde.*)

Stamm + wechsels. Bez. + -eli → gör·üş·eli
Biz görüşeli çok oldu. (Es ist lange her, seit wir uns gesprochen haben.)

-meden

Gebrauch

Mit der unbetonten Endung *-meden* drückt man aus, dass etwas nicht getan wurde oder nicht eingetreten ist. Im Deutschen wird sie meist mit *ohne zu* wiedergegeben.

Konuşmadan anlaştık. (Wir verstanden uns ohne zu sprechen.)

Endung

-meden, -madan

Bildung

Stamm + -meden/-madan

Besonderheit

Es besteht Verwechslungsgefahr mit der Kurzform der Grundform im Woher-Fall, doch kann die Bedeutung aus dem Satzzusammenhang und der Betonung erschlossen werden.

Konuşmadan hoşlanmadım. (*Die Rede hat mir nicht gefallen.*)

Reihenfolge der Endungen

Stamm + Leideform + -meden → yap·ıl·madan (*ohne getan zu werden*)

Stamm + Veranlassung + -meden → yaz·dır·madan (*ohne schreiben zu lassen*)

Stamm + Veranlassung + Leideform + -meden → yap·tır·ıl·madan (*ohne dass man es hat bauen lassen*)

Stamm + rückbez. Endung + -meden → hazırla·n·madan (*ohne sich vorzubereiten*)

Stamm + wechsels. Bez. + -meden → gör·üş·meden (*ohne sich zu sprechen*)

-ip

Gebrauch

Mit der Endung *-ip* lassen sich zwei oder mehr Sätze verknüpfen, deren Tätigkeitswörter die gleiche Zeit- und Personalform besitzen. Somit werden mehrere gleichzeitig oder nacheinander erfolgende Handlungen eng miteinander verbunden.

Sofaya oturdum ve televizyon seyrettim. → *Sofaya oturup televizyon seyrettim. (Ich setzte mich aufs Sofa und sah fern.)*

Sofaya oturacağım ve televizyon seyredeceğim. → *Sofaya oturup televizyon seyredeceğim. (Ich werde mich aufs Sofa setzen und fernsehen.)*

Endung

Nach Konsonant: -ip, -üp, -ıp, -up
Nach Vokal: -yip, -yüp, -yıp, -yup

Bildung

Die Endung wird an den Stamm des ersten Tätigkeitswortes bzw. der ersten Tätigkeitswörter angefügt und dient somit als Platzhalter für die Zeit- und Personalendungen des letzten Tätigkeitswortes.

	Nach e oder i	Nach ö oder ü	Nach a oder ı	Nach o oder u
	gelip	görüp	alıp	bulup
Vern.	gelmeyip	görmeyip	almayıp	bulmayıp
!	demek → diyip, demeyip; yemek → yiyip, yemeyip etmek → edip, etmeyip; gitmek → gidip, gitmeyip			

-erek

Gebrauch

Die Endung *-erek* gibt eine Information dazu, auf welche Art und Weise eine Handlung ausgeführt wird. Es wird meist mit einem Mittelwort auf *-end* (z. B. *lachend*) wiedergegeben oder mit *indem* übersetzt.

Çocuk ağlayarak eve geldi. (*Das Kind kam weinend nach Hause.*)

Yürüyerek eve gittim. (*Ich ging zu Fuß nach Hause.*)

Endung

Nach Konsonant: -erek, -arak
Nach Vokal: -yerek, -yarak

Bildung

Stamm + -erek/-arak

	Nach e, i, ö oder ü	Nach a, ı, o oder u
Bejaht	gelerek	alarak
Vern.	gelmeyerek	almayarak
!	demek → diyerek, demeyerek; yemek → yiyerek, yemeyerek etmek → ederek, etmeyerek; gitmek → giderek, gitmeyerek	

Mit *iken* erweiterte Zeitformen

Gebrauch

Die Endung *-ken* kann man an die Zeitform auf *-r*, Zukunft und miş-Vergangenheit anfügen. Die Endung könnte man auch an die yor-Gegenwart anhängen, jedoch wird sie besonders häufig mit der Zeitform auf *-r* verwendet. Im Deutschen kann man *iken* mit *als*, *anstatt*, *bei*, *solange*, *während* und *wenn schon* wiedergeben.

miş-Vergangenheit

Stamm + -miş + -ken → gel·miş·ken
Buraya gelmişken müzeye de gidelim. (*Wenn wir schon mal hier sind, lasst uns auch ins Museum gehen.*)

Zeitform auf -r

Stamm + -ir + -ken → gel·ir·ken
Eve gelirken ekmek alır mısın? (*Würdest du auf dem Heimweg Brot kaufen?*)

Zukunft

Stamm + -ecek + -ken → ed·ecek·ken
Cem'e telefon edecekken Çetin'e etmişim. (*Anstatt Cem anzurufen, habe ich Çetin angerufen.*)

Besonderheit

1. Doppeldeutigkeit
   Tarkan'ı alışveriş yaparken gördüm.
   (*Ich habe Tarkan gesehen, während er einkaufte.*)
   oder
   (*Ich habe Tarkan gesehen, während ich einkaufte.*)

2. Subjektwechsel
   Ders çalışırken müzik dinlerim. (*Während ich lerne, höre ich Musik.*)
   Ben ders çalışırken, arkadaşım müzik dinler. (*Während ich lerne, hört mein Freund Musik.*)

Der Satzbau (Die Syntax)

Der Aussagesatz

Gebrauch

Der einfache Satzbau beim Aussagesatz folgt der Reihenfolge Subjekt - Objekt - Satzaussage. Ergänzungen stehen meist zwischen Objekt und Satzaussage, wobei die wichtigsten Ergänzungen unmittelbar vor der Satzaussage stehen.

Bildung

Subjekt | Zeit | Objekt im Wen-Fall | Objekt im Wem-Fall | Satzaussage
Eray bugün yeni bisikletini arkadaşına gösterecek.
(*Eray wird heute sein neues Fahrrad seinem Freund zeigen.*)

Betonung

Bestimmte Satzteile werden durch die Nähe zur Satzaussage betont. Die folgenden Variationen sind sehr gebräuchlich, wobei auch andere Kombinationen durchaus möglich sind:

*Öğrenci kitabı **kütüphaneye** götürüyor.*
(*Der Schüler bringt das Buch zur **Bibliothek**.*)

*Öğrenci kütüphaneye **kitabı** götürüyor.*
(*Der Schüler bringt das **Buch** zur Bibliothek.*)

*Kitabı kütüphaneye **öğrenci** götürüyor.*
(*Der **Schüler** bringt das Buch zur Bibliothek.*)

Fragesatz mit Fragewort

Einen Aussagesatz kann man durch ein Fragewort in einen Fragesatz verwandeln.
Öğrenci kitabı kütüphaneye götürüyor.
Öğrenci kitabı nereye götürüyor? (*Wohin bringt der Student das Buch?*)

Fragesatz mit Fragepartikel

In der Regel stehen die Fragepartikel nach der Satzaussage.
Hasan bize geliyor mu? (*Kommt Hasan zu uns?*)

Wird jedoch nach einem bestimmten Satzteil gefragt, so folgt die Partikel direkt auf diesen Satzteil.
Hasan bize mi geliyor? (*Kommt Hasan **zu uns**?*)

Die gebräuchlichsten Bindewörter (Die Konjunktionen)

ve (*und*)
Ev küçük ve eski. (Das Haus ist klein und alt.)

veya/ya da (*oder*)
Bugün veya yarın buluşalım. (Lasst uns heute oder morgen treffen.)

ama/fakat (*aber*)
Elbise güzel; ama çok pahalı. (Das Kleid ist schön, aber sehr teuer.)

çünkü (*weil*)
Konsere gitmedim; çünkü vaktim yoktu. (Ich bin nicht ins Konzert gegangen, weil ich keine Zeit hatte.)

ancak (*jedoch, allerdings*)
Gözlük güzel; ancak çok pahalı. (Die Brille ist schön, jedoch sehr teuer.)

de ... de (*sowohl ... als auch*)
Gömleği de al pantalonu da. (Kauf sowohl das Hemd als auch die Hose.)

hem ... hem de (*sowohl ... als auch*)
Hem İzmir'e hem de Bursa'ya gideceğiz. (Wir werden sowohl nach İzmir als auch nach Bursa fahren.)

ne ... ne (*weder ... noch*)
Ne gelsin ne de telefon etsin. (Er soll weder kommen noch soll er anrufen.)

ya ... ya (*entweder ... oder*)
Ya sen yaz ya da ben yazayım. (Entweder schreibst du oder ich schreibe.)

yani (*d. h., also*)
Pazar günü, yani yarın, burada buluşalım. (Lass uns am Sonntag, also morgen, hier treffen.)

Register